JN098353

新あいどる聖書

信仰承認します。

嘘
もう見飽きた
ばっかの
飽きた
アイドル

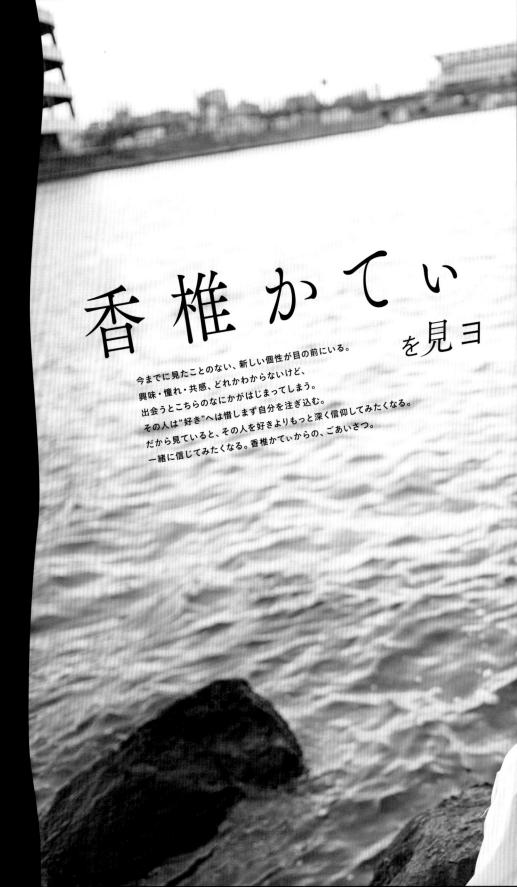

香椎かてい を見ヨ

今までに見たことのない、新しい個性が目の前にいる。

興味・憧れ・共感、どれかわからないけど、

出会うとこちらのなにかがはじまってしまう。

その人は"好き"へは惜しまず自分を注ぎ込む。

だから見ていると、その人を好きよりもっと深く信仰してみたくなる。

一緒に信じてみたくなる。香椎かていからの、ごあいさつ。

ブーツ¥24,800／イエロ
ブラトップ、アクセサリー
／すべてモデル私物　そ
の他／スタイリスト私物

わたし、自分は人間の底辺だと思ってる。普通にちゃんと生きてる
人は上位。中卒だし、頭よくないし、テーブルに座ってごはん食うし、
ましてや風呂にも入らない。だから底辺・クズ。そんな"底辺が巻き
返す"っていうコンセプトでやってる。わたしが所属してるZOCっ
ていうアイドルグループは、今のわたしの超すべて。そこでただ一
つだけ思うことは、"素直な人ではいたい"ってこと。素直な底辺。芸
能人ってけっこう嘘をつく。好きな人が、本当じゃない情報をわた
したちに与えてきたら、本当になにを信じればいいんだろうって思
う。だから、自分は素直になる。語彙力ゼロ。見ての通り、失敗の積み
重ねで生きてる。中学生のとき、引きこもりに興味がでた。病んでい
ながらも世間に立ち向かうのに憧れた。それまでは外で遊んでばっ
かりで、野生児って呼ばれるほどだった。おたまじゃくしとかつか
まえるような。毎日外に行くときは裸足だった。

REBELLION

Shibuya, a city full of rats, has always been my favorite place.
Center streets, filthy back alleys,
vending machines, everything I get sucked into.

アクセサリー、シューズ／
すべてモデル私物　その
他／スタイリスト私物

いきなり引きこもりのモグリ。モグリでやってたのに、

ほんとの引きこもりになった。その時は、「ちゃんと

病んでんじゃねーかわたし」って思ってた。完全に失敗例。

ただ渋谷には行ってた。渋谷にだけは行く引きこもり。

もともとはギャルが好き。今でも好き。だから渋谷最高、憧れ。

ずっと憧れてた街が、今すごく居心地いい。

毎日でも、ただただ座ってたい。

センター街の、ネズミいっぱいいてうす暗い裏路地の、

自販機しかないところはまじで吸い込まれる。

その点新宿はきらい。きらいすぎて、いろんな感情がでてくる。

入ってはでてくる。あふれだしてかなわない。

だからわたしのツイッターは、新宿発信が多い。

みんなくらんでないか。病んでないか。黒くないか。

ま、つぶやきなんてのはほとんど自分に語ってるだけだけど。

自分に対して語ってるだけ。

Goodbye to masochism

それにしても、みんなちょっと堅くない？
周りからのイメージを気にしすぎるし。
まじめでいいけど、すこし苦しそうだ。
明るい自虐もたまにはいいけど
あまり自分をいじめないでね。
もっと気楽でいいのに。

昔から思ってた。遊ぼうって誘っても、
「明日テストだから」って断られる意味が
不明だった。みんな堅くないか。
それが中卒につながってはいるんだけど。
結果オーライ。みんな堅くない？

ブルゾン¥40,909、スカート¥25,455／ともにバラック
ルーム　（中に着た）ゼブラ柄ベスト¥5,991／ピン
ナップ　アクセサリー、シューズ／すべてモデル私物

I know almost all the smoking areas in Shibuya.

A little effort to maximize your liking

Tobacco is delicious. Tobacco is delicious. Say many times.

コート¥8,000、スカート¥9,000／ともに
ジュエティ（中に着た）キャミソール
¥6,200／イクミ　ブーツ¥24,800／イエ
ロ　アクセサリー／すべてモデル私物

わたしのファンは自分だと思う。基本同じ気持ちでいる。死にたいとかよ
く来るし、わたしも経験した。昔の自分を見てるって思う。わたしも元誰
かのファンだし、今もZOCに誘ってくれた大森靖子さんのファンだし。初
めて大森さんの曲を聞いたときに、わたしの中でなにもかもが変わった。
引きこもってた自分が、いきなり"あっぱれ人生！"って気分になって、や
りたいことやろう、って気づくきっかけになった。わたしもきっかけにな
りたい。こんな世界があるんだ、とかもっと生きやすい生き方があるんだっ
て気づいてほしい。初めて大森さんのライブに行ったとき、MCでお客さん
に「鼻くそついてるよー」って言ってお互いが盛り上がってたの衝撃だった。
嘘のない時間がそこにあった。だからわたしも嘘のない時間をファンの人
たちと一緒に過ごしていきたい。嘘かどうかがわかりやすい距離にいたい。
みんなともずっと近くにいたい。

021

KATY KASHII

C
U
L
T
I
T
....

『CULT』っていう洋服のブランドをはじめたんだけど、"自分が好きなことをみんなにも信仰してほしい"っていう意味がこめられてる。わたしも好きなものへはなんでも信者のように心を注いでしまう。ちなみにこのブランドの第一段は、私が大好きな先輩の好きなものをイメージして作った。わたしの好きな先輩のイメージも好きになってほしい、ってことなのかもしれない。おしゃれではこの人が間違いないって思ってたから。信仰っていうと重そうだけど、思いっきり心は熱くセンチメンタルに、だけど頭は落ち着いて冷静になって、一緒に好きになっていってほしい。モノズキで、もしわたしのことを好きになってくれたら。わたしのできる範囲で、わたしが生きやすくていいなって思うことを伝えていくから、受け入れたり、間違った場合は教えてほしい。

キャミソール ¥2,727／バラックルーム　パンツ ¥7,140／イロジカケ　ドレス、ブーツ／ともにスタイリスト私物　アクセサリー／すべてモデル私物

キャミソール ¥3,900／フェイ
ス　パンツ／スタイリスト 私物
その他／すべてモデル私物

トップス¥21,000、ドレス¥17,000／ともにイクミ　アクセサリー／すべてモデル私物

わたしは社会性のある言葉を知らない。感情的になって狂った言動ばかりする。炎上もするし、みじめで恥かいてダサいときもあるけど、そのときはちゃんと謝って、反省してまた生きる。だから失敗しても、自分を否定しすぎないで、またはじめればいいって思う。そうやってみんなもみんなの自分でいてくれれば、おそらく"あっぱれ人生"。間違えても戻れるよ。だからちゃんと自分でいてね。わたしはみんなの一人として、自分の生きたい人生を諦めない。

CONTENTS

CHAPTER 01

002　プロローグ　香椎かてぃを見日

CHAPTER 02

036　わたしの戦闘服。

CHAPTER 03

052　わたしの人体解説
MAKE UP&SKIN CARE ／ MENTAL ／
HAIR ／ NAIL ／ PIERCE ／ BODY

CHAPTER 04

082　心にいつもホラーを

CHAPTER 05

094　ついでにこれもいつも持ち歩く

CHAPTER 06

096　伝道したいかてぃの歴史

---------------- CHAPTER 07 ----------------

103 　わたしと ZOC はシンクロする

---------------- CHAPTER 08 ----------------

113 　問いかけと導き100
　　　〜わたしに聴け〜

---------------- CHAPTER 09 ----------------

129 　クソなりにもがいた半生のこと、ぜんぶ。
　　　〜わたしの肉声を聴け〜

---------------- CHAPTER 10 ----------------

145 　あいどるみ、ある
　　　〜主のご乱心〜

---------------- CHAPTER 666 ----------------

154 　エピローグ　おしまいの時間
　　　〜主の黙示録〜

160 　SHOP LIST

新あいどる聖書

わたしの CHAPTER2 戦闘服。

私服は、はやりとかじゃなくて、
「これが好き」とか、「いいな」とか
着たいと思った服が今の自分の心の声。
心が選んだ服が、似合わないわけがない。

トップス（フェイス）、パンツ（スタイル ナンダ）、手袋（キルシー）、シューズ（エイティーズ）／すべてモデル私物

むずかしい打ち合わせには戦争みたいなセットアップ、お金の話ならチンピラ風。ファッションはその日の予定とそのときの髪色で決める。今日は素材感が好きな服と、人生の師匠から影響を受けたスリップノットTのコーデを選んだ。今の"戦闘服"といえばこれだから。

服はその日のTPOに合わせた"コスプレ"である

Look at
me well

ワンピース〈古着屋ニューヨークジョー〉、Tシャツ〈もらいもの〉、ソックス〈ヴィヴィアン ウエストウッド〉、シューズ〈ブラダ〉／すべてモデル私物

わたしといえば9割

白と黒

髪色のブルーを目立たせるための黒

服を見返してみたら、あまり意識せずにモノトーンばっか着てた。なんでだろうって考えてみると、黒や白はわたし的にバリアカラーなんだ。安心するし、引き締まるから。

Coordinate:
Black&White90
Coler10

a.

a.アウター（古着屋ハードオフ）、トップス（古着屋ニューヨークジョー）、スカート（ヴィヴィアン ウエストウッド）、バッグ（サンローラン）、ソックス（バレンシアガ）、シューズ（プラダ）／すべてモデル私物

いかついレザーをリボンで女っぽく

ボンネットを装着して血迷ってみる

韓国ではだいたいこんな格好

b.

c.

d.

男性にわかってもらえなさそうコーデ

楽しすぎた猫カフェでの戦闘服！

「かてぃが着ると囚人服」と言われた日

e.

f.

g.

b.アウター（古着屋ニューヨークジョー）、バッグ（バレンシアガ）、ブーツ（スタイル ナンダ） c.アウター（古着屋ハードオフ）、トップス（古着屋ニューヨークジョー）、スカート（ヴィヴィアン ウエストウッド）、帽子（ベイビー ザスターズシャインブライト）、バッグ（サンローラン）、ソックス（バレンシアガ）、シューズ（プラダ） d.ニット（フェイス）、パンツ（韓国の古着）、帽子（ラスト ヴァージン）、バッグ（スラッシャー）、シューズ（エイティーズ） e.アウター（ザラ）、トップス（フォーエバー 21）、パンツ（スタイル ナンダ）、帽子（ラスト ヴァージン）、バッグ（サンローラン）、シューズ（エイティーズ） f.アウター（古着屋ニューヨークジョー）、インナー、ワンピース、帽子（すべてスタイル ナンダ）、シューズ（ドクターマーチン） g.ニット（韓国で買いつけ）、スカート（ヴィヴィアン ウエストウッド）、バッグ（サンローラン）、ブーツ（ドクターマーチン）／すべてモデル私物

LONG PANTS

なんか好きで
結局
こればっか。

c.

b.

パンツをよくはく。夏もロンパン
で上だけ涼しくする。ボディライ
ンがでる服が苦手でボリューム
のあるパンツを選ぶから、トップ
スとのバランスは結構こだわる。

ゆるゆる
ロンパン

a.

d.

e.

f.

LONG PANTS

a. トップス（韓国で買いつ
け）、パンツ（アディダス）、
シューズ（エイティーズ）
b. セットアップ（キルシー）、
インナー（韓国で買いつけ）、
バッグ（グッチ）、シューズ（プ
ラダ）**c.** トップス（古着屋
ニューヨークジョー）、パンツ
（ディッキーズ）、帽子（セブン
パーセント　モア　ピンク）、
シューズ（ドクターマーチン）
d. セットアップ（古着屋シュ
リ）、ブラトップ（カルバン　ク
ライン）、バッグ（サンローラ
ン）、シューズ（スタイル　ナ
ンダ）**e.** トップス（フォーエ
バー21）、パンツ（韓国の古着）、
バッグ、シューズ（ともにバ
レンシアガ）**f.** フィッシング
ベスト（古着屋フォーカス）、
中に着たカーディガン（古着
屋ニューヨークジョー）、パ
ンツ（古着屋キンジ）、サング
ラス（グッチ）、ベルト（古着
屋キンジ）、シューズ（バレン
シアガ）／すべてモデル私物

ロックTのいかつめ
ブラックコーデ

a.

トップスとシューズの
ひもを合わせてみた

b.

古着オーバーシャツで
ヤリチンコーデ

c.

はきすぎだから上だけ変えて雰囲気違く見せる

ロンパン着まわし劇場

BLACK PANTS

RED PANTS

1年ぶりに発見した
キャミをクソ喜んで着る

d. e.

寒そうと言われても
耐えるのがオシャレだ

お金のことでもめたら
闇金っぽい服で戦う

f.

＜黒パンツ＞**a.**パンツ（スタイル ナンダ）、トップス（もらいもの）、帽子（スタイル ナンダ）、手袋（キルシー）、シューズ（ドクターマーチン）　**b.**パンツは着まわし、トップス（スタイル ナンダ）、インナー（韓国で買いつけ）、シューズ（ドクターマーチン）　**c.**パンツは着まわし、トップス（古着屋ニューヨークジョー）、シューズ（エイティーズ）／すべてモデル私物　＜赤パンツ＞**d.**パンツ（古着屋ニューヨークジョー）、トップス（フォーエバー21）、インナー（カルバン クライン）、シューズ（エイティーズ）　**e.**パンツは着まわし、トップス（フェイス）、チェーン（I.AM.GIAの付属品）、シューズ（フィラ）　**f.**パンツは着まわし、トップス（古着屋ニューヨークジョー）、シューズ（エイティーズ）／すべてモデル私物

トップス（フォーエバー21）、パンツ（韓国の古着）／ともにモデル私物

セットアップ（ガルフィー）、インナー（ドン・キホーテ）、サングラス（借り物）／すべてモデル私物

Chiralism is the mood now

＃腹チラ

開放感サイコー！
だいたい露出

露出しかしない。露出のいいところは、"すがすがしい""動きやすい""肌が空気吸ってる"の3本柱で語れる。だいたい肩はずるっと下がってるし、お腹をだしてる。

トップス（カルト）、パンツ（スタイル ナンダ）／ともにモデル私物

トップス（フェイス）、パンツ（I.AM.GIA）、スカーフ（ザ ヴァージンズ）、サングラス（リルリリー）、ベルトショルダーバッグ（マーク ジェイコブス）、トートバッグ（オープニングセレモニー）／すべてモデル私物

＃肩チラ

アウター（古着屋ハードオフ）、ブラトップ（カルバン クライン）、パンツ（ザラ）／すべてモデル私物

トップス、ベルト（韓国で買いつけ）、パンツ（古着屋キンジ）バッグ（バレンシアガ）／すべてモデル私物

Jersey Style

ジャージスタイル

ジャージはらくだし可能性を感じる。いつでも変なやつに追っかけられたら逃げられるし、ヤンキーがはいてそうなところが好き。ヴィンテージのアディダスラヴ。

love it

a. トップス（韓国で買いつけ）、パンツ（アディダス）、アームカバー（キルシー）、バッグ（サンローラン）、シューズ（プラダ）　**b.** トップス、パンツ（ともにアディダス）、ニット帽（古着屋フラミンゴ）、シューズ（プラダ）　**c.** トップス（カルト）、パンツ（アディダス）、シューズ（バレンシアガ）　**d.** セットアップ（フェイス）、インナー（古着屋ピンナップ）、シューズ（エイティーズ）　**e.** トップス（韓国で買いつけ）、パンツ（アディダス）　**f.** シャツ（フェイス）、ブラトップ（ディムエクレス）、パンツ（カッパ）、バッグ、シューズ（ともにバレンシアガ）　**g.** トップス、帽子（ともにスタイルナンダ）、パンツ（アディダス）、シューズ（バレンシアガ）／すべてモデル私物

043

一年中薄着

SUMMER

夏はいちばん好きな季節。なぜなら薄着で
うろつけるから。気づくとキャミとタンクが増え、
服やアイテムがギャルっぽくなる。

SUMMER ITEM

Chain　　**Hairpin**　　**Hoop Pierce**　　**Necklace**

a.タンクトップ（古着屋ピンナップ）、パンツ（韓国の古着）、ニット帽（古着屋フラミンゴ）、シューズ（バレンシアガ）　**b.**トップス（古着屋ニューヨークジョー）、パンツ（スタイル ナンダ）、帽子（プレイボーイ）、シューズ（エイティーズ）　**c.**トップス（フェイス）、スカート（ギャレリートーキョー）、バッグ（マーク ジェイコブス）、ソックス（グッチ）、シューズ（スケッチャーズ）　**d.**キャミ（フェイス）、インナー（古着屋ニューヨークジョー）、パンツ、帽子（ともにセブンパーセント モア ピンク）　**e.**トップス（カルト）、パンツ（アディダス）、シューズ（バレンシアガ）　**f.**トップス（韓国で買いつけ）、パンツ（古着）、シューズ（エイティーズ）＜SUMMER ITEM＞Chain：チェーン（フェイス）　Hairpin：ヘアピン（古着屋キンジ）　Hoop Pierce：ピアス（バブルス）　Necklace：ネックレス（古着屋フラミンゴ）／すべてモデル私物

a.

b.

c.

d.

e.

冬 は 上 着 プ ラ ス

WINTER

タートルネックとか、肌面積が狭くなる服は
あんまり着ない。夏服の上にアウターを着るスタイルだから、
うちには衣替え習慣がない。

f.

g.

h.

a.ニット（フェイス）、パンツ（韓国の古着）、帽子（ラスト ヴァージン）、バッグ（スラッシャー）、シューズ（エイティーズ）　**b.**アウター（古着屋ニューヨークジョー）、インナー（韓国で買いつけ）、パンツ（韓国の古着）、リュック（スラッシャー）、帽子（古着屋フラミンゴ）、シューズ（エイティーズ）　**c.**アームカバー（キルシー）　**d.**ブーツ（OK）　**e.**アウター（ダンケシェーン）、バッグ（シャネル）、ブーツ（スタイル ナンダ）　**f.**ブーツ（コンバース）　**g.**シャツ、インナー、パンツ、バッグ、ベルト（すべてもらいもの）　**h.**ファーコート（古着屋ニューヨークジョー）、トップス（フェイス）、パンツ（ラスト ヴァージン）／すべてモデル私物

女って気分の日の
ガーリー服

本当は花柄やレースに憧れがあるけど、
あんまキャラじゃないから着ないだけ。だから
ロングヘアのときは女っぽい服を着てみたくなる。

girly clothing!

a.

b.

c.

d.

e.

f.

a. トップス（古着屋キンジ）、パンツ（リルリリー）、シューズ（エイティーズ） **b.** トップス、ベルト（ともに韓国で買いつけ）、インナー（スタイル ナンダ）、パンツ（韓国の古着）、シューズ（エイティーズ） **c.** トップス（韓国で買いつけ）、ワンピース（スタイル ナンダ）、帽子（ラスト ヴァージン）、手袋（キルシー）、ソックス（グッチ）、シューズ（エイティーズ） **d.** トップス（古着屋G2？）、ワンピース（韓国で買いつけ）、シューズ（エイティーズ） **e.** トップス、ワンピース（ともに古着屋ニューヨークジョー）、バッグ（グッチ） **f.** トップス、パンツ（ともにフェイス）、バッグ（マーク ジェイコブス）／すべてモデル私物

ELEMENT

Lace

Cotton

Flower

Blouse

Pastel

Lingerie

Lace：レースブラウス、トップス、バッグ（すべて古着屋ニューヨークジョー）　Cotton：トップス（フォーエバー 21）、パンツ（ディッキーズ）、ベルト（ジュエティ）　Flower：トップス（韓国で買いつけ）　Blouse：ブラウス（古着屋ファンティーク）、ワンピース（古着屋オパール）、服につけたヘアピン（古着屋フラミンゴ）　Pastel：シューズ、ソックス（ともに 7% モアピンク）　Lingerie：ランジェリー（古着屋キンジ）、トップス（G2 ？）／すべてモデル私物

かてぃ
twitter.com/KatyHanpen

コンプレックスを包んで隠す

愛してます、帽子

そもそも頭の形が好きじゃないのと、顔面コンプレックスをこじらせて、深めのバケ
ハが好きになった。バケハ以外でも基本は大きめで、頭をまるまる包む帽子がいい。

〈左上から〉ひもつきバケハ(ラストヴァージン)　レースバケハ(スタイル ナンダ)　キャップ(セブンパーセント モア ピンク)　ファー
バケハ(セブンパーセント モア ピンク)　白バケハ(プレイボーイ)　黒バケハ(韓国で買いつけ)　コーデュロイキャップ(ヴィヴィ
アン ウエストウッド)　ニット帽(古着屋フラミンゴ)　ボンネット(ベイビー ザスターズシャインブライト)／すべてモデル私物

ロングチェーン（古着屋 フラミンゴ）、ハートネックレス（ニフニファ）、ダイヤネックレス（お母さんからのもらいもの）／すべてモデル私物

ブレスレット（ジャスティンディビス）／モデル私物

ネックレス（カルト）／モデル私物

> 華奢にまとめて
> タトゥシールを
> 目立たせた

チョーカー（わすれた）、ネックレス（ティファニー）

烏塚サブ（チョコモコ）

チョーカー（わすれた）／モデル私物

好きでこまる シルバーアクセ 金アレだけど

金アレ持ちだから調子いい期間限定なんだけど、アクセはいっぱいつけて派手にしたい。モチーフはマリア像や十字架が好み。ラフォーレや下北沢で、自分でつくったりもするよ。

ピンク数珠（カルト）／モデル私物

> ←の数珠と
> 重ねる！

黒リング 数珠 ビジューブレス（すべて古着屋 キンジ）、シルバーリング（ジャスティン デイビス）、青ビジューブレス（古着屋 フラミンゴ）／すべてモデル私物

ブレスレット（もらいもの）／モデル私物

数珠 × シルバーアクセをじゃらづけ

数珠、ハートブレス（もらいもの）、細身ブレス、青ビジューブレス（ともに古着屋 フラミンゴ）、花 ブレス（ジャスティンデイビス）／すべてモデル私物

手づくりシルバーブレス（アミジェダ）／モデル私物

KATY PRESENTS

いきつけ 古着屋 LIST

下北沢
フォーカス
Focus
東京都世田谷区北沢2-37-18 2F
☎：03-64079088
営：12:00〜20:00　休：無休
@used_focus

> メンズ寄りの
> サイズ感が
> ちょうどいい。
> 生地も上質で
> センス抜群！

下北沢
ニューヨークジョー 下北沢店
NEW YORK JOE
東京都世田谷区北沢3-26-4
☎：03-5738-2077
営：12:00〜20:00　休：無休
@newyorkjoeexchange

> 安くて品数も
> 多くて楽しい。
> ここで買った
> リュックが
> お気に入り

下北沢
ウタ
UTA
東京都世田谷区北沢2-9-25 2F
☎：03-3467-6626
営：13:00〜21:30　休：無休
@utashimokitazawa

> 小物が
> かわいくて好き。
> 好みどんぴしゃな
> ブレスを
> 買ったよ

よれよれ古着

鳥が怖かわいい イーグルスT

トップス（古着屋フラミンゴ）／モデル私物

ひとめぼれした きれいめジャケット

ジャケット（古着屋キンジ）／モデル私物

個性的な色の ハーレーTをカット

トップス（古着屋フラミンゴ）／モデル私物

> このベストも
> 右上のジャケットの
> 袖を切って
> リメイクした

裾をカットして お腹をだして着る

トップス（古着屋ニューヨークジョー）／モデル私物

人とかぶらない古着イエー。エッジが効いた昔のデザインとかたまんない。Tシャツは首元切ったり丈を短くしたりすれば、イマイチな服でもかわいくなる。

リメイク／古着

スリップノットパーカの
胸元を大きく裁断

DETAIL

プリントまでざくっと
はさみを入れたよ

トップス（古着）
／モデル私物

リメイク した ベスト
（古着屋キンジ）、トップス（古着屋ニューヨークジョー）、スカート（ヴィヴィアン ウエストウッド）、シューズ（ドクターマーチン）／すべてモデル私物

トップス（もらいもの）
／モデル私物

襟周りと裾を
大胆リメイク！

DETAIL

DETAIL

トップス（知人のお古）
／モデル私物

渋谷
バラックルーム
Barrack Room
東京都渋谷区道玄坂2-18-4 1F
☎：03-6416-9129
営：17:00〜24:00　休：水木金
📷 @barrackroom

かわいい系の
お店。夜中まで
開いてるから
ふらっと
立ち寄れる

渋谷
シュリ
Shury
東京都渋谷区神宮前6-16-4 1F
☎：03-6427-9144
営：12:00〜20:00　休：無休
📷 @shury_tokyo

セットアップが
どタイプ。古着屋
の中でもかなり
ハイセンス！

原宿
ファンティーク
FUNKTIQUE
東京都渋谷区神宮前3-21-22 3F
☎：03-6434-0987
営：12:00〜20:00　休：無休
📷 @funktiquetokyo

上品なものが
多く、きれいめ。
大人っぽい服が
ほしいときに行く

原宿
ピンナップ
PINNAP
東京都渋谷区神宮前3-26-10
☎：03-3470-2567
営：12:00〜20:00　休：元旦のみ
📷 @pinnap_tokyo_1

クソギャルに
なりたいか
血迷ったとき、いい
アイテムがある！

051

Chapter.—03
わたしの人体解説

メイクのこと、ヘアのこと、カラダのこと。
今のわたしはまだ進化途中で、コンプレックスもたくさんある。
だけど少しでも好きになれるように日々研究してるところ。

KATY'S BODY

Chapter 3 Contents

1. **MAKE-UP**   P54-65
2. **SKIN CARE**   P66-67
3. **MENTAL**   P68-69
4. **HAIR**   P70-76
5. **NAIL**   P77
6. **PIERCE**   P78-79
7. **BODY**   P80-81

COMMENTARY

ブラウス ¥6,000／フェイス
パンツ ¥24,000／ディーゼル
（ディーゼル ジャパン）

MAKE-UP

A FACE

雰囲気あるとか、カッコいいって言ってもらえる
わたしのメイク。男も女も試してほしい。

1

KASHII KATY

かてぃ顔のつくり方
初公開!!

小学校4年生のころ、好きな男の子と遊ぶときには自分でメイクして、ドキドキしながら
会いに行った気がする。わたしにとって、メイクは戦いに行くときの
武器みたいなもの。強くなったり優しくなったり、メイクで気分が変わるから。

FOR THE FIRST TIME!

めいくあっぷ

BASIC COSME TICS

わたしの顔をつくる 基本の愛用コスメ

普段、実際に使っているコスメたち。
茶系・キラキラ・韓国コスメ多めなラインナップ。

ベース
Base

（左から）ヘラ ブラック クッション SPF34 PA++ #13、ラカ シン スティーラー コンシーラー アイボリー／ともにモデル私物

ハイライト&シェーディング
Highlight & Shading

（左から）シャネル ボーム エサンシエル スカルプティング、シャネル ル リオン ドゥ シャネル フェイス パウダー、トゥークールフォースクール アート クラスバイ ロダン シェーディングマスター／すべてモデル私物

アイ
Eye

（左から）ラカ ジャストアイパレット ライフ、クリオ プリズムエアシャドウ #06、3CE× メゾン キツネ アイスイッチ オーハニー、ヒロインメイク スムースリキッドアイライナー スーパーキープ 01 ／すべてモデル私物

アイブロウ
Eyebrow

シャネル クレイヨン スルスィル 40／モデル私物

> パッケージのよごれも中身の粉砕も
> 使えればオッケーのポジマインド

リップ
Lip

3CE ムードレシピ マット リップカラー #220／モデル私物

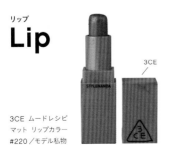

ブラシ
Brush

（上から）ピンクポップ ア イシャドウブラシ、3CE アイシャドウブラシ、3CE マルチブラシ、トゥークー ルフォースクール チークブ ラシ／すべてモデル私物

メイクプロセスは心のプロセス

体感だと10分くらいでメイクをしていくんだけど、
「こうなりたい」と心で唱えながらイメージすると仕上がりが変わる。

Base

❝ 体調悪そうな
陶器っていうか ❞

肌の白い人になりたい。でも厚塗りはイヤだから、クッションファンデで肌づくりすることが多いかな。できれば生気がないっていうか、不健康そうに見えればいいなーと。

Eye

❝ 正直グラデって
わかんないんで、勘 ❞

上のシャドウは暗めマットな赤茶、下はゴールドで終了。グラデーションにすることはあるけど、普段は面倒だし茶色って全部同じ色でしょって感じだから、普段はこれで。

Eyebrow

66 イメージソースは
川崎のヤンキー 99

眉毛の形が気に入らないので、眉アートをした。だから最近は全剃りして、アートにまかせているところがある。見栄えはヤンキーみたいな、ちょっと治安悪い感じに。

Highlight & Shading

66 ツヤのおかげで
生きてる感出てくる 99

不健康な肌にしておいてなんだけど、ツヤ感はわたしのメイクの命。シャネルのハイライトは必ず入れるし、シェーディングであごラインをシュッとさせるのも欠かせない。

あごから耳へ

プラス
ハイライト

Lip

66 不自然な色ほどいいっすね 99

韓国コスメのマットな発色のリップが好き。あとは暗いオレンジや赤、茶色、ティントも好き。自然なくちびるの色じゃない強い色を入れたとき、世の中で戦うスイッチが入る。

かてぃの

命は

目に宿る

わたしといえばつり目らしい。
つり目がコンプレックスな人って多いけど
カッコいい系メイクがハマると思う。
つり目じゃない人ももちろんどうぞ。

POINT 1

つり目

つり目だけどイヤだと
思ったことがない。む
しろつり目を生かした
メイクをするんで。

POINT 2

まつ毛長い

まつ毛は伸びた。
ビューラーは合わない
からなし。あとなにげ
下まつ毛も長い。

POINT 3

三白眼

みんなに指摘されるま
で自分がそうだと知ら
なかったし、三白眼の
意味もわからなかった。

茶色のシャドウを
まぶたに塗る

ラカのシャドウの左から2番目のマット
な茶色をブラシに取り、アイホール全体
にしっかり色をのせる。

ラメの茶色を
二重幅へ

同じラカの左から3番目。ラメ入りの濃
いめのシャドウを取り、上まぶたの目尻
1／3だけ二重幅にたす。

目の下には
ゴールドシャドウを

クリオのシャドウを結構多めの量で取
り、指の腹を使って目の下の涙袋に濃く
塗りつける。

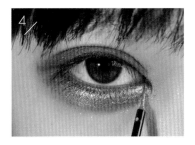

ゴールドグリッターを
目頭にたす

3CEのゴールド系グリッターを目頭の
下のキワに細く1／3ほどラインを入れ
て、目頭をキラキラにする。

締めシャドウを
目尻に入れる

ラカの左から2番目の濃いめの茶色を、
目尻の下1／3ほど引いて締める。あれ
ばもっと濃い茶色でもいいぐらい。

目尻にだけ
アイラインを引く

目尻のキワからつり目のラインに合わせ
て、目の延長に線を引くように描く。イ
ンラインには描かない。

BEFORE

\ FINISH! /

おすすめカラコン

カラコンしない派だけ
ど、ワンダーアイのラ
イトグレーだけは別。
色素が薄くなる。

MAKE VARIATION 1

オラつきたい日に
超いかつメイク

きれい系じゃない中国人を見たときに、カッケー！と思って研究したメイク。
ウルフがボサボサのときにやるといい雰囲気がでてくる。
顔がめちゃくちゃいかつくなるけど、ヤンキーは目指していない。

> 66 威嚇もできる
> キリッとしたメイクで
> 男度を高めてく 99

a.エスティローダー ダブルウェア ステイ イン プレイス メークアップ　b.ヒロインメイク ロング＆カールマスカラ スーパーWP01　c.M・A・C スモールアイシャドウ×8：ホーカス ポーカス　d.エチュードハウス ベターリップトーク ベルベット BE104　e.マージ ザ ファースト ブロウ ペンシル カシューナッツ ブラウン／すべてモデル私物

**コンシーラーで
眉毛を消す**

ファンデはaに変えて、マットな肌をつくる。ラカのコンシーラーを使って、眉の存在を完全に消す。

**黒マスカラを
上下に塗る**

アイラインはハネさせ、bを上下のまつ毛に塗って印象的な目に。ビューラーは使わず自然な毛流れに。

**アイシャドウで
目を暗く囲む**

cの7を二重幅オーバーぎみに、5を二重幅に薄めに塗る。4を涙袋に、1＋5を下まぶた目尻に入れる。

キャミソール ¥5,082／ピンナップ

┌ 薄いマットピンクの
　　リップを塗る ┐

dのリップをたらこくちびるをイメー
ジして塗る。頰にハイライトを入れ、
シェーディングはチークにも使う。

┌ くちびるの上に
　　影を入れる ┐

くちびる上のへこんでいる部分に、e
でVを書くように影をたす。なければ
そのへんのアイシャドウでも。

シャツ ¥7,000／ジュエティ

ウユクリームで
肌を白くする

透明感のある白肌づくりのために、aを
顔に塗る。そのあとでクッションファ
ンデを塗り、眉毛は少し上げて描く。

アイシャドウで
グラデをつくる

上まぶたの目頭にbの5＋8、中央に2
＋8、目尻にcを入れる。まぶた中央
にスティックハイライトをのせる。

目の下にも
シャドウをオン

涙袋にはbの7をしっかりと入れて、
目尻の下1／3だけcを引く。目尻のア
イラインは目の形に合わせて入れる。

MAKE
VARIATION **2**

強めの女、最高
チャイボーグ

このメイクは、中国人になりたい気持ちをまずしっかりと心に持ってから
はじめましょう。キリッとしてくるというか、いい感じに強気な
女の気分になれるところが好き。ロングヘアにもウルフにも似合うのである。

66 **チャイニーズ顔は
ツヤめいて輝く
ドラマ感ある目がカギ** 99

a.3CE ホワイトミルククリーム b.3CE プロ ミニ マルチ アイカラー パレット
#MUSEDAY c.ラカ ジャストアイシャドウ #KAHLO d.コード グローカラー L.プリン
ググリッター01 e.サンローラン ルージュ ヴォリュプテ シャイン083/すべてモデル私物

目頭はラメで
ツヤっぽく

目頭の下のキワに少量だけdのラメを
入れる。ピンクゴールドの光が目を大
きく印象的に見せる。

シェーディングを
チークに使う

頬の上にハイライトをしっかりめに塗
る。あごから耳へかけてシェーディン
グを入れ、そのままチークにも使う。

赤リップで
華やかに

リップはeを使用。超赤いリップを
しっかり塗って顔を引き締める。強め
の雰囲気もリップが決め手。

MAKE VARIATION **3**

女っぽい気分のとき
KOREA

女っぽく、雰囲気がいちばん変わるメイク。ロングヘアのときによくやる。
韓国から帰ったときは影響を受けてこのメイクが続きがち。
おすすめポイントは、他人から話しかけられやすくなるところ。不思議！

66 **韓国の女の子の**
優しすぎず柔らかい
絶妙な顔立ちに 99

a.3CE ミニ マルチ アイ カラー パレット #ALMOND FUDGE　b.コード グローカ
ラー L.ブリンググリッター01　c.ラカ ジャストチーク #MARS　d.エチュードハウス
ベターリップトーク ベルベット BE104　e.トニーモリー リップトーン ゲット イット
ティントS 06／すべてモデル私物

ラメシャドウを
グラデにする

aの1をまぶた全体に。2を目頭から半
分まで、4を中央から目尻へ二重幅に
入れる。3を涙袋に引く。

アイラインは
下げぎみに

bを目頭の下に少しだけのせる。目尻
のキワから、少し下げるようにしてア
イラインを伸ばす。

眉毛を長めに
描きたす

眉は山の下を塗りつぶすようにして、
平行で長めに描く。目尻の下1／3に
アイブロウでラインを入れる。

トップス／モデル私物

オレンジチークを
頬に入れる

ブラシにcを取って、頬の高いところ
から斜め後ろへ上げるようにしてチー
クを入れる。

鼻の上にも
チークをのせる

ハイライトとシェーディングをしたあ
と、同じチークを鼻の頭にもポンポン
とのせて色をつける。

リップは2色
重ねづけ

dのリップを先にくちびる全体に塗
る。eのティントをくちびるの中央に
のせ、グラデーションにする。

2

最近、肌への美意識が高まりつつある

SKIN CARE

Noお風呂 Butスキンケア

お風呂面倒だしボディはあんまりケアしないけど、スキンケアは好き。
いつかぴかぴかの白玉肌になるよう、肌の育成中。

トップス¥5,800／ランブル レッ
ド（株式会社ランチフィールド）
パンツ¥17,800／ディーゼル
（ディーゼル ジャパン）

SKIN CARE 8 RULES

かてぃの8つのルール

意外とまじめに肌ケア中。詳しい友だちに聞いたり自分で試したりして見つけたもの。

吹き出し：クリニークのコットンで浸透させます

special /

化粧水　　乳液

RULE 1 スキンケアは イプサ

最近イプサを使いはじめ、肌をほめられるように。CNPはスプレーミスト。夏にシュッとすると気持ちいい。

（左から）イプサ ザ・タイムRアクア、イプサ MEレギュラー4、CNPラボラトリー プロポリスアンプルミスト／すべてモデル私物

RULE 2 洗顔 も しっかりします

体温でテクスチャーが溶けるクレンジング。乾燥肌用の黄色を使用。洗顔はイプサで、乳液状になっている。

（左から）バニラコ クリーン イット ゼロ クレンジング バーム ナリッシング、イプサ クレンジング モイスチュア フォーム／ともにモデル私物

クレンジング　　洗顔

RULE 3 夏だけでも 日焼け止め を

あんまりやらないけど、夏は顔だけでも焼けないようにつける。この韓国の日焼け止めは使用感が好き。

ロベクチン エッセンシャル アクアUVプロテクター／モデル私物

RULE 4 くちびる は 乾かさない

カーメックス クラシックリップ バーム／モデル私物

韓国に行ったとき、お店のお姉さんに「これがいいですよ」とおすすめされたので、いいと信じている。

RULE 5 ニキビ はコレ！

基本は肌強いから大丈夫だけど、それでもニキビができたらオロナイン塗っとけば治る。

オロナインH軟膏／モデル私物

RULE 6 いい香りの ハンドクリーム

人生初のハンドクリーム。いただきもので、すごくいい匂い。これは思い出したときに使う。

シャネル ラ クレーム マン／モデル私物

RULE 7 歯みがき粉 に こだわってる

ホワイトナウ クーリングミント／モデル私物

ホワイトニングケアができる韓国の歯みがき粉。めちゃ歯が白くなるから、韓国で絶対買って帰るやつ。

RULE 8 パック はこれがウチの中で最強！

左のミルクは美白で右のドクダミは肌トーンを上げるパック。セールで見つけて買ってみたらよかった。

（左から）アビブ グミシートマスク ミルク スティッカー、ヘルスリーフ スティッカー

3

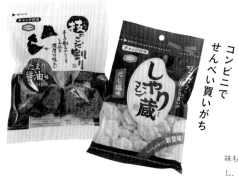

どこのコンビニにも大抵あるから助かるー。これこれ。

コンビニで
せんべい買いがち

鉄分入りの
飲むヨーグルト

味もおいしいし手軽だし、鉄分で体が健康になる気がする。

昔からコーラに
依存している

コーラは昔から飽きない。バイト時代の昼メシだった。

MENTAL

わたしの血肉となる

FOOD

三軒茶屋の居酒屋の卵ぶっかけ飯

偏愛的フードたち

「同じものばっか食べてる」とよく指摘されるけど、
人生食事の回数限られているし、好きなものだけ食べたい。

デザートは
アイスかヨーグルト

チョコミントはすっきりする。ヨーグルトは甘くておいしい。

居酒屋『炙り フロム ダスク・ディルドーン』にある最高メシ！

野菜もきちんと
食べてるで

偏食だけどチョレギサラダは好き。体内がリセットされる感じも◎

ありがとう
セブン-イレブン

カロリー控えめでおいしいツートップ。晩ごはんになりがち。

PERFUME
香水

お風呂に入らないから香水はマスト。
いい香りをまとうと気持ちも落ち着く。

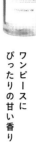

お兄ちゃんのおさがりでメンズ臭

しゃれた服に大人なエッセンスを

マジの中国人がつけてたから買った

ウルフヘアでライブするときつける

世界でいちばん好きな香り

ワンピースにぴったりの甘い香り

a.ウルフヘアのときに。クリーン ウォームコットン オードパルファム　b.セットアップを着てつける。シャネル ガブリエル シャネル ヘアミスト　c.チャイボーグメイクで。ミュウミュウ オードパルファム　d.甘くてかわいい感じ。グッチ ブルーム オードパルファム　e.韓国で買った。ダブルドレスルーム ドレス&リビング クリア パフューム 97　f.ライブではこれつけてる！　ドゥフト&ドフト ピンク ブリーズ ファイン フレグランス ヘア&ボディーミスト

LIP
リップ

リップは髪と服とのバランスを見て変える。
いろんな自分になれるからね。

奇抜い古着に合わせたりする

世間的なかてぃカラー

オレンジリップでピアスバチバチに

女なときは赤マットにまかせる

薄めメイクにこれがカッコいい

韓国顔になる使いやすいティント

a.おしゃれな色味。トム フォード ビューティ リップ カラー マット28B　b.ライブでつける！　16ブランド フルーツ チューエディション BROWN FUDGE　c.シャドウとチークをオレンジにして。3CE ベルベット リップ ティント #SLOW MOTION　d.濃すぎない、いい赤ティント。3CE ベルベット リップ ティント #TWIN ROSE　e.オールブラックの服が似合う。ボビイブラウン クラッシュド リップ カラー23　f.マットな赤ティント。モアート ベルベット リップティント V5

TRIP
旅

同じところに居続けると飽きるので、
たまに旅立ってる。アウトドア派だよ？

温泉が好きすぎる

動物に会いに行く

ふらっと韓国へ

お湯につかるのが好きで温泉はよく行く。カレンたちと熱海温泉に行って、裸の付き合いをして友情を感じた。釣りもした。

昔から大きさ問わず動物が好きで、動物園は超アガるスポット。いつか魚やハムスターを家で飼いたい思いがある。

ホンデに行くと必ずピアスを開けてスタイルナンダに行く。コスメ買ったりごはん食べたり、毎回充実して帰る。韓国語も勉強中！

これがあるからテンション上げていける。わたしのメンタルを支える3つの大切なもの。

4

SIDE STYLE

HAIR

同じ自分がイヤで、変化し続けたくて
子どものときは髪を頻繁に切っていた。
今もその思いを引き継いでいて
週一でどこかしらヘアは変えている。

BACK STYLE

髪

ヘア＝メンタルです。

実家が美容院だったから、物心ついたころから髪にはこだわっていて、初めて髪を染めた小学5年生のときからブリーチなしでは生きられなくなってしまった。わたしは気分がすべて髪に現れるし、カラーを変えて元気になることもある。だから髪は絶対に妥協しない。

パンツ¥19,500／ガールズ ソサエティ　キャミソール／スタイリスト私物

ウルフ一筋

ヘアレシピ

ヘアメンテからニューヘアまで頼れる
美容師のCHIAKIさん。いちばんわたしの
髪に詳しいから、解説してもらった。

美容院＝病院と思っていて
いつもヤバい髪で駆け込む

ヘアカラーは思い立ったときにや
りたいから、ドンキで買った薬剤を使っ
て自分で染める。そして後悔。CHIAKIさ
んに直してもらいに美容院に行くから、美容院
は病院だと思ってる。カットもカラーもエクステ
も、いつもきれいにしてくれてありがとうございます。

かてぃウルフオーダー方法

わたしと同じ髪型にできるように、CHIAKIさんのヘアレシピを公開！

BANGS
前髪
基本はぱっつん。
気分によって伸ばしたり短くしたりすることもあり。

TOP
トップ
10〜15cmくらいの長さを残してカット。

SIDE
サイド
トップから中間へ段になるようにレイヤーをつなげる。
メンズセットのように毛流れは前方へ。
顔の周りは動きがでるように軽さを重視し、襟足との差をだす。

BACK
バック
バックもサイドと同様に、
段になるようにトップからレイヤーをつなげる。
襟足は肩の下まで残す。

かてぃちゃんの担当してます

担当スタイリスト
CHIAKIさん
@ king__chi

SALON
XENA（ジーナ）
東京都渋谷区神南 1-13-15
光立ビル 4F
03-6277-5038

POINT.1

顔周りのレイヤーが大事！

男みたいなウルフにしたい」とよく言われるので、その辺り
を意識してカットしています。サイドの毛流れを前へ送る
のもメンズっぽくなる秘訣。

POINT.2

動きのある軽めのウルフに

かてぃちゃんは軽くしたいようなので、量感は大切にして
います。軽めのウルフは動きがでやすくストレートでもき
まるため、個人的にも好き。

KATY
MULLET
HAIRSTYLE
ORDER
METHOD

HOME CARE

ホームケアは しっかり派

よく髪を傷めさせている分、
普段はなるべくいたわろうと、
髪に向き合っている。

調子悪い ときは オイルで解決

ミジャンセン は ヘアセット の前、モレモは髪の毛を乾かす前、とオイルは使い分け。

OIL

（左から）ミジャンセン シャイン オーラ ロマンティック オーラセラム、モレモ ヘアセラム R ／ともにモデル私物

SHAMPOO

シャンプーが好きで 超こだわってる

（左から）リョ シャンプー、リョ コンディショナー／ともに本人私物

韓国のシャンプーが今アツい。リョは漢方の匂いがするけど髪が生き返る。モレモは髪が緊急なときにプラスして使う。

モレモ ヘアトリートメント ミラクル 2X ／モデル私物

STYLING

髪をトリートメントミストで濡らし、オイルと軽いセット力のあるワックスを手の平で混ぜて伸ばし、毛先中心に揉み込む。

スタイリングは10秒で終わり

コタ スタイリング ベース B1 ／モデル私物

HAIR ACCESSORY

ヘアアクセはバレッタやピン派

ちょこっと前髪を留めたりサイドに留めて飾りにしたり、バレッタは服につけることも。よく見たらキラキラばっかり！

HAIR PIN

VALLETTA

CURLER

最近使って よすぎたカーラー

韓国の オリーブヤング で買ったカーラー。韓国っぽいヨシンモリ前髪が簡単につくれる。韓国の美容師さんも使ってるとか。

SECRET

エクステをたもつ 秘密はこれ

ウルフのときは手ぐしだけど、エクステをつけたときはタングルティーザーでとかしてる。全然髪が絡まないのがありがたい。

髪を変えると

ロングのわたしとウルフのわたし。服装だけじゃなくて、態度も変わるから自分の二面性を楽しんでる。

1.サラツヤロング。透明感のあるカラーが映える。2.毛先を動かしたギャルみのあるヘアに、あえて服は男前で。3.暗めのロングはドール感あっていい。モードな服とかにも合う。4.前髪わけるだけで雰囲気変わる。基本髪はおろしっぱなし。5.顔周りを巻いて、韓国風にした。鎖骨より下くらいの長さがバランスいい。

GIRLY LONG

ロングだと仕草まで女っぽくなる

韓国に行く前やウルフの自分に飽きてきたときとか、エクステをつけたくなる。ロングヘアになると服装はワンピースに手をだしはじめるし、白や花柄を着るようになる。そういえば声も若干高くなってるかも？

COOL WOLF

ウルフだと気持ちが
イケメン化する

ウルフのときはヒモ男っぽい雰囲気を目指していて、服もメンズを参考にしている。ファンの子に対しても「わたしが守ってやるぞ」くらいのメンタルでいるし、急に態度がでかくなるのが自分でもわかるからおもしろい。

1.インナーをハイトーンにして、ヤンキーっぽく。光があたると変わる色味がおもしろい。2.短いと夏の暑すぎる日々でも見た目で涼しげになれる。3.アッシュ系のウルフ。軽くすいてもらっているから動きがでていい。4.顔周りの毛は小顔にもなるし、自分的ポイント。5.長めウルフは男っぽさはもちろん女っぽさもだせて二度おいしい。

人格も変わる。

075

CHAIR

ヘアカラー依存症。

これは1年間の写真を集めたもの。毛先は死んでるけど、カラーはやめない。

PINK

RED

MILKTEA

YELLOW

GREEN

BLUE

PURPLE

BLACK

ASH

見た目が別人っぽくなるのがカラーチェンジの好きなところで、わたしのアイデンティティ。「髪を殺してもいいからこの色にしてください」って頼んだこともあるほど、好きな色じゃないと落ち着かない！

COLOR

闇堕ちるネイル。

ネイルはしていないときも多いけど、ここぞというときに、魔女っぽく爪先を武装。

SELF NAIL

たまにセルフネイル

1色塗りでもきまる、服に合わせやすいダークな色や深みのある色が好み。アナスイはボトルがかわいいし、3CEは発色がいい。

甘すぎない
エメラルドカラー

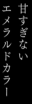

アナ スイ
ネイルカラー A I106

パール入り
ダークなブルー

アナ スイ
ネイルカラー A S107

マットな赤は
パンチが強め！

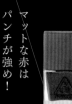

3CE ロングラスティング
ネイルラッカー #RD08

NAIL SALON

サロンは知り合いのところ

わたしの師匠や友だちがアートしてくれたネイルコレクション。変わったのが好きだけど、並べるとインパクトがあるなー。

ギャル爪のはずがBT21もいる

ヒョナちゃんをイメージした

好きなもの描いたらこうなった

"かわいい"を間違えたころ

黒ネイルに花咲かせてみた

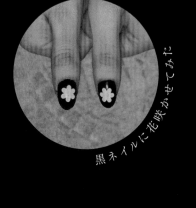

わたしに刺さった

PIERCE

ついついノリであけたくなるピアス。現時点での、
わたしの集大成を見てもらおうと思う。耳に関しては実物以上の
サイズにしてみたから、余計なものまで見えそうだよ。

PIERCE
STUCK IN ME

ANTENNA
HELIX

INDUSTRIAL

SNUG

HELIX

EAR LOBE

6

撮影3日後また増えてた……

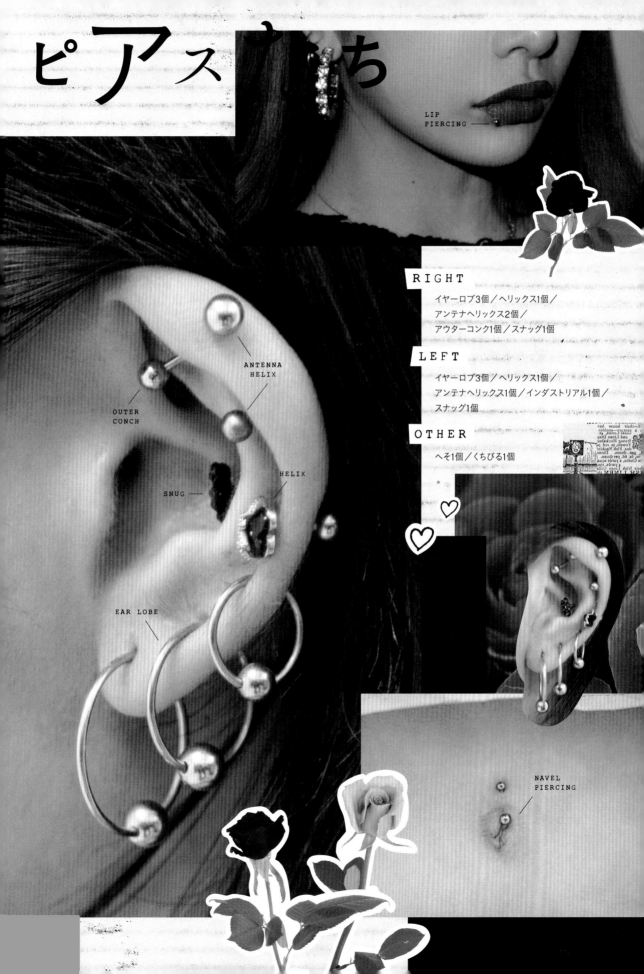

ピアスたち

LIP
PIERCING —

ANTENNA
HELIX

OUTER
CONCH

SNUG —

HELIX

EAR LOBE

RIGHT

イヤーロブ3個／ヘリックス1個／
アンテナヘリックス2個／
アウターコンク1個／スナッグ1個

LEFT

イヤーロブ3個／ヘリックス1個／
アンテナヘリックス1個／インダストリアル1個／
スナッグ1個

OTHER

へそ1個／くちびる1個

NAVEL
PIERCING

わたしに彫られたタトゥーのかずかず

いっそ彫りたいけど、日本だとプールも温泉も入れなくなる。そんなんだったら、マッキー（マジックペン）で描いてやればいい。中2のころ、初めて手首に自分でハートを彫ろうとしてたな。やめといてよかったぜ。飽き症だから本物を入れるのはやめておこうと思ってる。描くのであればそのときそのときで自分が好きなものを入れれるし。

BODY

ヤニカスBODY ダイエットに成功

MY

BODY

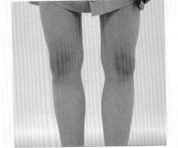
SPEAKS

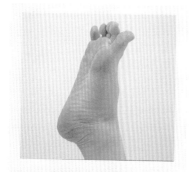
AS MUCH AS

MY

MOUTH.

3年前

ZOCデビュー時

2019.夏

2019.8月

2019.11月

JUST NOW

中学生からお腹だけ異常にでてた。高校生になると全体的に太った。MAX52kg。ウエスト84cm。人にはその人にあったダイエットがある。わたしにいちばん効いたダイエットは、飲み物をコーラからお茶に変える、5分間の筋トレ。モデルのステマにダマされず自分にあったストレスの堪らないダイエットをしてね。1人で厳しかったら、誰かとやってね。

> ダイエットは1人じゃなくて3000人でやるもの

（カティダイエッツMEMO　※個人差あり）飲み物はお茶に限る／間食しない／筋トレスクワットを1曲好きな曲を流してやる／歩けるときにたくさん歩く／体重を気にせず見た目を絞ることを優先／断食は必ずリバウンドします。成功してもきれいな痩せ方には見えない／嘔吐はエラが張ります顔がやつれます絶対におすすめしません

ALWAYS HORROR
IN MY HEART

··

心 に い つ も ホ ラ ー を

映画が好きなことはもちろんだけど。
ホラーは世界観、観てるときの感情の動き、外見への影響など
香椎かてぃにとってただの趣味の範囲を超えた存在になりつつある。
香椎かてぃのホラーとの付き合い方。
大切なのは、いつも心にホラーが灯っているかどうか。

ブラウス ¥8,000／スワンキス 渋
谷109店 ドレス ¥39,000／ケイ
ティ ブーツ／スタイリスト 私物
アクセサリー／すべてモデル私物

いきなり言うと、実は怖いのはほんと苦手。
映像でも怖いシーンでは目をふさいでしのぐタイプ。
ZOCに入ってから一人暮らしをはじめて、DVDを観ることが増えた。
そこからホラー映画を観て、"怖い"っていう感情になりながら
なにかの作業をするのが好きになった。
怖いっていう"感情のBGM"。ゾクゾクした血が動きだしてる状況で、別のことをする。
とてもはかどる。別のことも、ホラーもはかどる。
これは、ホラーじゃないとできないことだからね。
恋愛ものは疲れるし、泣けるやつもそこまで一時も目離せないし、
泣くまでの物語がとても長い。ほかのことしてたら内容見失う。
その点、最初のシーンから要所要所で怖いシーンが入ってくるホラー。
わたしが飽きないように気をつかってくれる。
いつの間にか気をつかえるホラーばかり観るようになった。

ホラー映画には幼女がよく出てくる。
小さい子が必死に役に入り込んでて最高だし、血まみれで最高。
その世界の中では、なぜか小さな女の子が、大人っぽい洋服を着ていたりする。
シックなワンピースを。モノトーンで大人なリボンを。
部屋はアメリカンヴィンテージ。
レトロでかわいらしい壁紙、懐かしい雰囲気のランプ。
『アダムス・ファミリー』、『シャイニング』。
いつものわたしじゃありえないスタイルなんだけど。"かわいい"。
ホラーっていうワンクッションがあるとかわいい気持ちがたかぶるんだよね。
だいたいそんな映画を観たあとは、ワンピースに手を出したり、
白いロングソックスをはいたり。
ホラーな気持ちがあるうちに、許せるうちにかわいいを楽しめる。
不思議。ただのかわいいは許せない。

トップス¥3,636／パラックルーム　ハット／スタイリスト私物　アクセサリー／すべてモデル私物

トップス ¥9,800、ドレス ¥28,800／と
もにケイティ　ブーツ ¥18,800／イエ
ロ　アクセサリー／すべてモデル私物

最近はわたしもどんどん進化するからグロさも欲しい。
刺激が足りない。人にも見せて、人が怖がるのを見るのもいい。
「そうだよね。やっぱ怖いよね」。これが共感ってやつか。
グロいホラー、あれはエンタメ。お化けがでて、悪魔もでてきて、
激しく激突して「べっちゃーーん」って血が噴き出して。スッカーーっ。
さっきまでわたしが悩んでたこととか小さすぎ。病んでるときにはホラーだよ。
メイクが濃くなっている。ホラーにハマりだしてから、
どんどんメイクが濃くなっている。最近さらに濃くなっている。
ホラーはいつのまにか宿ってしまうから、バランスには気をつけたい。
人にはなめられたくないから、メイクを濃くしてるけど。
やりすぎると怖いって思われてしまう。わたしは怖いなんて思われたくない。
「話すと普通なんだね」ってちゃんと言われるし。
でもということは？　怖がられてる。
もしわたしが他人で、街に自分がいたら絶対に声かけない。
だから、その街で話しかけてもらえたときはうれしい。
みんな頑張って恐怖を越えてくれ。ホラーを心に持ち歩きつつも、
フレンドリーには見せたいんだねってくらいのメイクにはしてるから。
わたしのバランス感覚を信じて。怖がらないで。

心に入れてほしい
わ・た・し・の・推・し・ホ・ラ・ー

ホラーを宿したわたしが、みんなもホラーを宿せるようなとっておきを紹介していく。

MOVIE

「 ソウ6 」

生きてる意味が分からないときに観ると"生きなきゃ"と思わせてもらえる。グロさや、"そうきたか！"という展開が最高。

DVD & Blu-ray発売中
DVD ¥1,800(税抜)／ブルーレイ ¥2,500(税抜)
発売元 アスミック・エース 販売元 ポニーキャニオン
©MMIX Lions Gate Films Inc. ALL Rights Reserved

「 エスター 」

ネタバレになるから詳しくは言わないけど、主人公の幼女が大人っぽい服を着てるのがかわいい。内容は精神的に怖いやつ。

DVD & Blu-ray発売中
ブルーレイ ¥2,381(税抜)／DVD ¥1,429(税抜)
発売・販売 ワーナー・ブラザース ホームエンターテイメント
© 2009 Warner Bros. Entertainment Inc. All rights reserved.
© 2009 Dark Castle Holdings, LLC. All rights reserved.

「 サイレントヒル 」

好きすぎて家でBGMとしてずっと流してるほど。とにかく世界観がなんとも言えない。いつかゲームもやってみたい。

DVD & Blu-ray発売中
DVD ¥1,800(税抜)／Blu-ray ¥2,500(税抜)
発売元 松竹株式会社 映像商品部
販売元 ポニーキャニオン
© 2006 Silent Hill DCP Inc. and Davis Films Production

BEAUTY

「 ダークリップ 」　　　### 「 ヘアアクセ 」

(左)ルージュ ジバンシイ ノワール ナイトインブルー　(右)グッチ ルージュ ア レーヴ サテン リップスティック クリスタルブラック

(左)ダークなメイクに欠かせない暗くおそろしいリップ。　(右)ガーリーな気分になったときにはブラックのヘアアクセ。ロングヘアのウィッグで気持ちも高める。

ACCESSORY

「 十字架もの 」

「 レザーもの 」

宗教的で、ハードな印象のアクセサリー。装着するとメンタルが強くなった気もするし、実際に戦闘力少し上がってる。

chapter-05

心にはホラーを持ち、
手にはバッグ。
その中にはいつも一緒の
持ち物たち。
そんなスタメンたちを
サラっと見せておく。

ついでにこれも いつも持ち歩く

01
ファンからもらったメビウスのタバコ

02
プレイボーイのジッポ

03
ブルートゥースイヤホン

04
ノートパソコン

05
ボールペン

06
インスタントカメラ

07
JBL のスピーカー

08
手帳

09
iPhone

10
シャネルの財布

だてめがね

11

バケットハット

14

充電用USB

15
鍵

コスメ入れるポーチ

13

12

イヴ・サンローランのバッグ

16
命の母ホワイト（7日分）

17

ホルモンバランスの乱れからくる症状に

女性薬
命の母
ホワイト
生理諸症状の改善
生理前〜生理中などに
✓ イライラする
✓ 感情の起伏が激しくなる
✓ 生理痛がつらい
✓ 体が重だるい
生理不順、冷え症
第2類医薬品　84錠〈7日分〉

01.デコリが面白いから集めてる。02.かわいいから手放さない。03.耳クソたまります。04.外でパソコンしてる自分に酔ってる。05.韓国で必死こいて手に入れた。06.ファンの子にもらって写るんにハマった。07.友達から5000円で譲ってもらった。いまだに支払ってない。08.見た目で判断されがちなのでかわいく。09.ケースの中のプリがいい。思い出大好き。10.2020年の切り替えに。11.もう2年くらい使ってる。12.髪が臭いときにかぶる。13.ボロボロになるほどかわいくなってく。もらい物。14.基本は人任せでめったに持ってない。今日たまたま入ってた。15.鍵大事。16.わたしの命。17.シワのあるデザインで汚してもわからないことがわかったので即購入。

伝道したい
かてぃの歴史

こどもかてぃ

「一体どんな子ども時代、学生時代をおくってきたのか」
そんな興味が尽きない香椎かてぃさま。
ということで昔の写真を全部集めてみたの！
個性あふれるかてぃFamilyもちょろっとご紹介☆

犬てぃ

母てぃ

兄てぃ

猫てぃ

TEENSかてぃ

(右)裸足が大好き中学時代。ほぼ猿。挨拶が苦手で
お母さんに怒られ、兄とはケンカの毎日。家を飛びだし、
よく公園で泣いてた。(左)高校では授業中ローファー、
ソックスを脱ぐのが好きで"素足丸"と呼ばれた。
昼休み廊下でアイドルの曲を歌って踊る毎日。
変人と呼ばれるから変人として生きた。

アパレルかてぃ

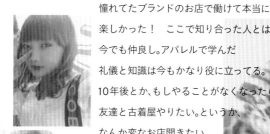

憧れてたブランドのお店で働けて本当に
楽しかった！　ここで知り合った人とは
今でも仲良し。アパレルで学んだ
礼儀と知識は今もかなり役に立ってる。
10年後とか、もしやることがなくなったら
友達と古着屋やりたい。というか、
なんか変なお店開きたい。

地元横須賀のなかよし

「うんち世界遺産」

地元の小学校、中学、高校で出会った、
かてぃが心許せるなかまたち。
チーム名は『うんち世界遺産』。
もともと個性的だったかてぃを、バカみたいに
成長させまくった、おたのしみ軍団いつものメンツ。
都合により全員ではないけど、この日再集合をかけた。
チーム名の由来はムシして当時を振り返ってみる。

再集合してみた

のんしゃ
大学生

ひよま
古着屋店員

かてぃ(以下かて) もうウチらも長い付き合いだね。かえちゃんとは家も近くて、小学1年生からだからいちばん長いよね。ひよまとは中学からか。

ひよま(以下ひ) そうだけど、わたしのおばあちゃんの家がかてぃの実家の美容院に近くて。七五三とか美容院で出会ってたじゃん。

かて あ、そうだそうだ。家目の前だったわ。そんでじぇいみも小学生のときだ。

じぇいみ(以下じ) 他校の人がいっぱい集まってるとこで「おぉーーい! 何やってんのー!」って知らないかてぃが叫んでわたしのところに現れた(笑)。

ひ そのときわたしもいた。

かえちゃん(以下かえ) わたしも。

じ いきなり話しかけてきて、他校交流みたいなのはじまったよね。

かて そうそう! で、のんしゃは中1で同じクラス。

のんしゃ(以下の) わたしだけエピソード浅くね?

かて そのあと中学のソフトボール部が一緒で仲良くなっていったんだ。

の あれ、じぇいみはテニス部じゃん。

ひ じぇいみはテニス部でなかいい子がいなかったんだよね。それでウチらのグループにいたんだ。

じ 友達いないみたいに言うな。

の 最初10人くらいの大所帯だったけど、結合と分裂を繰り返してきたよね。

ひ でもソフトボール部は日向ぼっこ部って呼ばれてたの知ってる?

の しかたないでしょ、玉遊び部。

かえ 玉転がし部?

ひ 3年で2点しか得点入れてないし。

かて だってルールを3年で初めて知ったしね。試合はみんなココルル(当時人気のギャルブランド)の蛍光ハイカットスニーカーはいてたじゃん。

ひ ギャルに憧れてたからね。なりきれてないギャル。

の なんか、かてぃの家の前の畑でみんなでファッションショーとかやったわー。かてぃの服みんなでクローゼットから持ってきて。

かて 自然をうまくつかって遊んでた。雪が結構降ったときがあって。そしたらかえちゃんから「ヤバい、スノボしよ」って連絡がきて。行ってみたらボードとがちスノボウェア着てた。

かえ ぜったい積もんないじゃんね。

かて かえちゃんは異常者ですよね。うんちには欠かせない重要人物。高校になったら落ち着いて大人になるかなって思ってたけど。逆に友達を自分化させてたじゃん。だからウチらがみんな変人になったのはこの人のせい。

かえ わたし!? いや、かてぃも妄想癖あったりで痛かったよだいぶ。

かて うわ! そういえば、ひよまとふたりで妄想の小説を書いてたかも。1時間目終わったら交換してた。思い出した。

ひ ふたりとも当時の先生に恋してたんだよね。あれ、これ言っていいの?

かて いいよ。NGないから。

ひ ふたりで妄想の手紙書いてた。

全員 キモーー!

かえ ってか、かてぃはもう異人種だったからね。

ひ まじ"野生"って感じしたわ。

の 今まで出会ったことのない……。小学校

じぇいみ
大学生

かえちゃん
カリスマ大学生

他校の人がいっぱい集まってるとこで
「おぉーーーい！ 何やってんのー！」
って知らないかてぃが叫んで
わたしのところに現れた

では見たことのないタイプ。

じ いないいないこんなやつ。

の 仲良くならないと思ってたもん。

ひ 一見性格悪そう、って感じだったから。そう思うのも無理ないね(笑)。気分のアップダウンも激しかったし。

じ 勝手にいじけること多かったよねかてぃ。「もうわたし友達いないし」とか言ってた。

ひ またやってんな〜って思って見てた(笑)。

かて まぁ、あと派手だったし！

ひ 家とかおっきいし。

かえ お兄ちゃんヤンキーだし(笑)。臭くて汚いし、あたまおかしかった。

の&ひ&じぇ&かえ あ、不潔！ ほんとマジ不潔。

かて でも！ 基本うんちもみんなお風呂入らないじゃん。

の&ひ&じぇ&かえ やめて、まきこまないで。

かて いや、ひよとのこは入ってなかった！「今日はなんDAY」とか言ってたもん。

ひ 1DAY。

かて ほらみろ。2DAY。

かえ でもみんな目立ちたがり屋の集まり

だったね。

じ 承認欲求のかたまり。

の 貪欲だったね。

かて ヤンキーと、陰キャとウチらっていう3パターンの人種がいたじゃん。

の ヤンキーからきらわれてたよね。

ひ 目立つからきらわれてた。

かえ 嫉妬されてた、こまっちゃう。

かて 当時から、やっぱねカリスマ性がね。

の 違ってたね〜。

ひ そんなかていの個性がついにみんなに気づかれた。

かて でもここはわたしの人生のスタートライン！

の＆ひ＆じぇ＆かえ おぉぉーーーー。言った(笑)。

ひ でも、かていもかえでも、ここなかったらけっこう人生危なかったよね。

の じぇいみもでしょ。

かて だからみんなにとって、うんちはプラスだったんだよ。

じ あ、そういえば、こないだちょっと感動したんだけど。こいつがお母さんに財布買ってあげたって聞いたの。

ひ マジ？

じ すげー喜んでたもんお母さん。「買ってもらっちゃった〜」って。かていも世間に広まって大人になったな。

ひ でも、有名になるのもビックリしないよね。昔YouTubeで、かていひとりで投稿してたとき一回バズったじゃん。"ももクロ愛"みたいなので、わさびかなんか飲んでたのかな。みんなで投稿したのよりも、そっちの方がバズって。この人にはそういうのあるんだろうなぁって。昔ながらに思った。

かて ああ、わさびパックしたんだ！

の 考えることが違うんだよね。発想が。人と違う。

じ 脳の構造違うって思ってた。

かえ まぁ、有名なんだかなんなんだかって感じ(笑)。

じ どっかいっちゃった感とかまったくないし。

ひ＆の ない

かて おいおいおいおい！

の 中学から時が止まってるからここでは。

ひ なんだかんだ将来、地元に帰ってきそうだよね。

じ マジ、ガストとかいそう。

ひ 地元の人と結婚とかしそうだし(笑)。あの実家にいつでもいそう。

かて は、捨てるぜ。地元なんて。

の＆ひ＆じぇ＆かえ でたでた。

かて でも炎上していつかすべて終わると思ってる(笑)。わたしは。

じ 破滅か。

ひ かていはファンが離れる前に、勝手にぶっ壊れそう！ 廃れる前に自分からいなくなる。

じ かっけーじゃねーか。『ヘルタースケルター』かよ。

の 飽きちゃいそうだし。

かえ 確かに、もうやめたわとか言ってそう。

かて さすがみんなよくわかってるわぁ♡

※『うんち世界遺産』の名前の由来は、
ノリでつけたライングループ名らしい。
現在そのグループ名は、『うんち☆(世界最強)』

I Synchronize With Zoc...
·Pour All Of Me Now Into Zoc
·View From Inside Katy Of Zoc
·Zomety Talk
·Dear Kashii Katy

わたしとZOCは
シンクロする

"ZOCのかてぃ"として、いろんな人に知ってもらえて
いることがうれしい。アイドルだからって
わたしはわたしをやめない。自分らしくアイドルでいる。

CHAPTER.

7

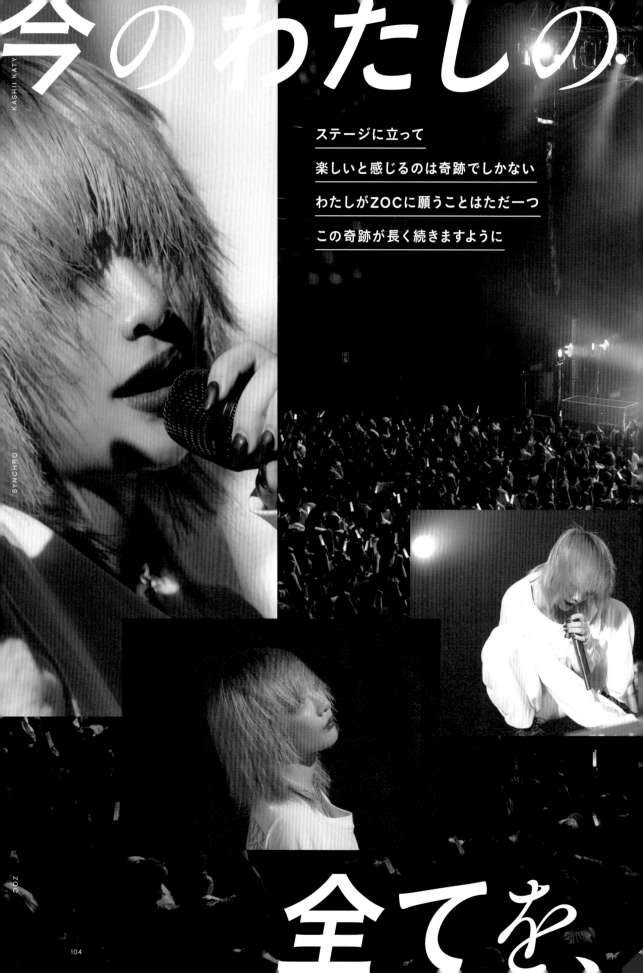

今のわたしの、

ステージに立って
楽しいと感じるのは奇跡でしかない
わたしがZOCに願うことはただ一つ
この奇跡が長く続きますように

全てを、

2018年の9月、恵比寿のリキッドルームでZOCがお披露目された。ミスiD出身とはいえほとんど無名でファンもあまりいないようなわたしたちを、靖子ちゃん（ZOCプロデューサー大森靖子）のファンが見ている。思っていたよりも温かく迎えてくれてホッとしたのと同時に、がちでこれからはじまるのっていう期待とうれしさで胸が破裂しそうだった。その日のことは多分一生忘れられないんじゃないかなと思う。わたしが本当にやりたかったアイドル活動がはじまった、もう夢じゃない。

それからは、初めての世界の中で新鮮すぎる日々が爆速で近寄っては過ぎていくことを繰り返した。レッスンやライブ、イベントに出ながら、わたしはZOCでは自分を偽らないようにしようって決めた。念願のアイドルになってそのモチベーションを維持するためにも、自分が無理をしていたらダメだと思ったから。ファンの子には幸せになってほしいし、そのためには支えになりたいと思うけれど、愛されるために嘘の自分を見せるのはちょっと違うし誠実ではない。そしてどこかでしんどくなってしまう気がした。幸い、ZOCは愛されキャラでは売らず、一人ひとりクセのある子たちの集まりだから、結果的に愛されみたいなキャラは求められなかったけど、そのおかげで今はアイドルをやっている自分とプライベートの自分がほとんど変わらずにいられている。

ZOCに少しずつファンがついて、わたしのことを好きになってくれる人も増えた。SNSでコメントをもらうようになると、「世の中にはいろんな子がいるんだなあ」っていう感じだったけど、ライブをやると実際に会いに来てくれたりして、「あの子たちが本当にいるんだ！」って一気に親近感を感じた。ファンの子と目が合うとすっごい笑顔でいてくれたりして、「なんでこの人たちはわたしが好きなんだ？」って、不思議な気持ちがした。本当に不思議すぎたからファンの子たちに「なんで好きなの？」って聞いたら「ぜんぶ好きー！」って。「鼻くそほじるとか足臭いのもぜんぶ好きだよ！」とまで言ってくれた。モノズキにもほどがある。素でアイドルをして、クソなところをめっちゃ見せているのにそれでも受け入れてくれるって、愛がすごい。実はそこまで見せるようになったのは、初めてタバコの写真をSNSに載せたのがきっかけ。「アイドルだよね？」ってちょっと炎上したけど、逆に受け入れてくれる人の方が多かったのがうれしかった。おかげで今は本当にらくだし、こんな感じでアイドルができているのは奇跡でしかない。

そう、奇跡。ZOCはたくさんの奇跡が重なって存在している。わたしが自分の居場所を見つけられたこと、ファンの子がZOCやわたしを好きでいてくれること、ZOCが存在し続けていること。少しでもバランスが崩れたらZOCはなくなってしまうかもしれないとか、わりと毎日考えている。そうさせたくないし、絶対に後悔もしたくない。マジで一日一日を大事にしていきたい。だから、今の自分の全てをZOCに注ぐことにした。

ZOCに注ぐ。

VIEW FROM INSIDE
KATY OF ZOC

内側から見るZOCのかてぃ

愛するZOCのメンバーは個性が爆発していて最高。距離の近いメンバーだからこその視点で、わたしについて解剖してもらった。

2018年、大森靖子を中心として結成。ゲーム用語"Zone of Control"の略語がグループ名の由来。"孤独を孤立させない"を提唱し、孤高で独特なメンバーが集まる。

MEMBERS
LOOKED FROM KATY
かてぃから見たメンバー

000 大森靖子
OOMORI SEIKO

靖子ちゃんの音楽に出合って今がある。女神みたいな人で自由でかわいくて、ライブは涙が出てくるほどカッコよくて心に刺さる。

001 藍染カレン
AIZOME KAREN

せっかくハム太郎くじの一等を当ててもうちに置き忘れるドジな人なのに、アイドルになると急に頼りになる。ギャップがすごい。

002 戦慄かなの
SENRITSU KANANO

世間からは少し怖いイメージがついてるかもしれないけど、実際はワタワタするし素直。そして人の気持ちが誰よりもわかる人。

004 西井万理那
NISHII MARINA

ZOCのLED、西井。笑いのセンスは天才的でフレンドリー。でも裏ではちゃんと考えてるタイプ。西井と飲むのがストレス発散！

005 巫 まろ
KANNAGI MARO

ZOCの本当の治安担当。西井を珍しそうに観察する姿がおもしろい。ZOCの治安もかわいらしさもまろちゃんにおまかせします。

-FROM- 大森靖子

シンガーソングライター。ミスiDの選考委員をつとめ、西井以外全員ミスiD出身のアイドルZOCを結成。プロデューサーでありメンバーとしてZOCの"共犯者"を名乗る。

かてぃと最初に会ったのはミスiDだったね。高校生だったかてぃは結束バンドをリストバンドに、雨がっぱの後ろに文字を書いて長ランにしていて、**バカだけどおしゃれで天才で、宇宙を感じました**。会うたびにおもしろいって爆笑させられました。

そんな感じだったから、**絶対にわたしがプロデュースしたい**とひと目見たときから決めていました。だから正直"ZOCに誘った"というよりも、かてぃとわたしの共通項から、やりたいことのイメージやコンセプトを組んだところがありました。**かてぃがいたからZOCが生まれた**と思っています。

アイドル活動をして一緒にいる時間も増えてきたよね。「ZOCで多様性や自由を爆発させた最高の世の中にしたいから手伝って!」という話を個人的にもよくします。そんなわたしを尊敬してると言いながら、**いまだにあまり目を合わせてくれないかてぃ**。新宿や渋谷を歩くときに「守りますんで」って前を歩いてガードしてくれるけど、完全に余計に目立ってしまうのはいかがなものでしょうか。そんなあなたはわたしの中では、アイドルにはまじめだけどねじが飛んでる、出会った日から変わらずバブちゃんかわいいやつなのです。

ZOCを結成して1年半。まだまだこれからだけど、すでに濃い思い出をたくさんもらいました。中でもレコーディングやボイトレ、MV撮影のとき、始まって5秒で泣くのは衝撃的で、あなたのような人は初めて見ました。**早泣き選手権があれば優勝できるのでは**と思います。こんなぶっ飛んだ思い出以外に、尊敬する話ももちろんありますよ。特にさすがだなと思ったのは、かてぃが衣装のデザインをするとき。わたしがそこまで伝えなくてもメンバーのイメージの共有ができていて、みんなの魅力を生かしていたのは、よく周りを見ているなと感動しました。

かてぃは普段みんなで集まるとチャラいケメンっぽいキャラなのに、案外妹っぽさもだしてきますね。ZOC**メンバー内では、かわいがられている生き物**みたいな感じ。でもライブになるとまた雰囲気が違い、まじめさを発揮。リハではいちばんやる気があって、スタジオにも早く来てバッキバッキにきめています。ライブではまだリハほどうまくいかなくて戸惑うことが多いかもしれないけど、場数を踏めばもっと化けそう。ダンスと歌は下半身に重心を持っていくタイプなので、**つきつめれば地球を鳴らせる**と思います。そしてみんなの気持ちを考えることのできる優しい子なのはもとからだけど、この1年半でその守り方や全員の思いを立たせるぞ!というワンステップ上のことに挑戦しているように見えます。みんなで結成1年のZEPP TOKYOのワンマンをやりきり、素晴らしいライブにできたことは誇りです。

"なにもできなかったとしても、全てをかけられる"という情熱がステージで光る人なので、よく「アイドル向いてない」とこぼしていますが、ZOCにアイドル向いている人なんていらないです。**かてぃがかてぃでいることが希望!** 過度なダイエットはほどほどに、メンタルと健康を大事にして、これから全員がゲラゲラ笑える素晴らしい世界を一緒に見ましょう。見晴らしのよい地獄で遊びましょう。できるだけ、永遠に!

ZOCへの情熱がステージで光る子。将来化けるよ!

─ FROM ─
藍染カレン

引きこもって夜な夜なアイドルのダンスをコピーしていた
ことから、キャッチコピーが"熊本のワンルーム・ロン
リーダンサー"に。かわいいことに対して貪欲。

バラバラな個性で高め合える関係でいよう

初めて顔合わせで会ったとき、「ミスiD2017のかてぃ
ちゃんだ！」って仲良くなりたかったけど、目も合わせ
てもらえませんでしたね、人見知りすぎて（笑）。ZOC
はじまってから2〜3カ月くらいのとき、なんでかは覚え
てないけど**かてぃの家に入り浸るようになってからな
かよくなれてよかったです。**

かてぃのヤバいエピソードはめちゃくちゃあります。
まず家に呼びつけておいて家にいない。トイレするとき
絶対ドア開けていて、閉めると怒る。家でジミン
（BTS）の妄想するとき、ジミン役をやらせてきて放棄
すると怒る。夏場はあまりにも露出狂だし、くっそでか
いホットカーラーを前髪につけて街を歩くし、鼻くそつ
けてくるし（←やめてほしい!!!!）、**いつもヤバくてもう
なにがヤバいのかわからない**です。でもそれがかてぃ
だし、今までのアイドルだったら絶対に許されないであ
ろうという部分も隠さないで発信して、**全部ありのまま
でカッコつけないところがカッコいい**とも思います。

かてぃはZOCの"起爆剤"だと思っていて、**普段ふにゃ
ふにゃな分、ライブ中はすごく激しくていいギャップ
を感じます。**ダンスを吸収して自分のものにしているの
が伝わってくるし、自分に合った動きや声も知っている
のが魅力で、ほんとすげーなと思います。

ぞめてぃで一緒になることが多いふ
たり。あたしもかてぃも余裕を持っ
た行動ができないから、イベントの
前日にグッズのシールを手作業で
切ったときもよくがんばったね
（笑）。今後もぞめてぃでたくさん
お仕事できたらいいなと思ってま
す。ZOCに関しては、**バラバラの
個性で高め合えるよう、かてぃ
のことはずっと見ていたいし、
見ててほしいです。今後もお
世話がんばります（笑）。**

─ FROM ─
戦慄かなの

学生時代の実体験からクラウドファウンディングで児童虐
待に対するNPO法人「bae-ベイ-」を設立し、代表理事
を務める。少年院帰り。コラム執筆も行っている。

ライブのたびに絆が深まってる…と思う

かてぃはいろいろときたねぇやつ（笑）。ほんと最初
に会ったときから変わってない。でも最初はきたねぇな
あと思っていただけだったけど、**最近はそれがかてぃ
だし、かわいいなと思えるようになってきたよ（笑）。**
それに、どんどんきれいにもなってきたね。

かてぃのすごいところは素直に謝れるところ。だから
か、最初こそバチバチだったけど、意外とケンカはした
ことないんだよね。それに**ウチらはライブを重ねるた
びに、絆が深まってる**と思ってる。

ZOCの中では治安担当で"警察犬"みたいなやつか
な。アイドルとしての自覚も、どんどん芽生えてきてい
るなーと見ていて感じます。**今後ふたりでやりたいこ
とがあるとしたら……そうだな、相撲がしたいです。**

− FROM −
西井万理那

アイドルユニット『生ハムと焼うどん』を断食（活動休止）後、ZOCに参加。アイドル歴はメンバーの中でも長く、自己プロデュース力やトークスキルが高い。

かてぃと最初に会ったのは、ZOCの顔合わせだったかな？ **第一印象は「この子うける」** でした。なかよくなったきっかけはスマホの『Identity V』というゲームを一緒にやりはじめてから！　協力して敵を倒したときに、お互い友情を感じましたね。ゲームは人をつなげてくれるね♡　なかよくなってからはふたりでごはんとかも行くようになったし、**今はうけるだけじゃなくて、ノリがよくてやさしい** って思っているよ。

かてぃは足が臭いしいつも変でヤバい けど、ちょっと見直したのが韓国旅行でした。旅先では人柄がでるっていうけど、わたしがドジっていろんなものをなくしまくっても、全然怒らなかったんです。そのとき、この子やさしい子なんだって思いました。

ZOCのかてぃは、いつもかっけー！って思います。キャラ的には **イケメンポジション** かな。メイクも上手だし、いつもきれい。かてぃを見ているとわたしもがんばろうって刺激を受けます。

最後に、かてぃへ。**最近レコーディングであんまり泣かなくなって、成長したね。** かてぃと一緒に行った韓国で、コールを考えたのもいい思い出です。これからも公私ともにたくさん思い出をつくっていきたいな。いろんな場所へ遊びに行こうね！　またゲームもしましょう。これからもよろしく♡

カッつよさやセンスに刺激を受けてるよ♡

− FROM −
巫 まろ

歌と音楽を愛して10年間アイドルとして生き、2020年3月からZOCに加入。キラキラしたかわいさと内面のややこしさが共存する、女の子らしい女の子。

もともとSNSで見ていたので、加入前のレッスンで初めて会ったときに「本物だー！」と感動しました。キャラ的にもっと怖い感じかなと思っていたら、**とにかくかわいくて、赤ちゃんや少女のような守りたくなる魅力にあふれる方** だと思いました。まだまだ出会ってから月日が浅いですが、会うたびにどんどん印象がいい方向へ変わっていきます。これからゆっくりとなかよくなりたいです。

かてぃちゃんはいつもオシャレで個性的なファッションを着こなしていて、ヤバいくらいカッコいい♡ メイクもかわいいので、いつかファッション＆メイクをかてぃちゃんにプロデュースしてもらう企画をやってみたいです！　ファッションセンスは衣装にも表れていて、メンバーそれぞれの個性を生かしながらスーパー素敵に仕上げてくれるので、本当に感動もの。衣装だけでなくライブのことやメンバーのこともよく考えていて、一緒に写真を撮ってくれるとか、**しっかりと周りを見てくれているのがわかります。グループには絶対に欠かせない** 役割だと思うので見習いたいなと思いました。

一緒のライブはまだこれからですが、ZOCのライブを見ていて、かてぃちゃんはステージの上がとても似合うなと思いました。みんなにとても愛されているし、**なにをしていてもすべてが"かてぃちゃんらしい"って、自分のものにしてしまう** ところが尊敬です。これから一緒にステージに立てるのが楽しみ。いろいろな楽しいことや辛いことも、共有していけたらいいなと思います。今はまだ支えられっぱなしですが、わたしも支えられるようにがんばります。ZOCメンバーで、最高の景色を見ましょう！

なんでも"かてぃ…らしい"と思わせるのが見力！

キャラ真逆だけどなかよすぎなウチら

#ぞめてぃ トーク

いつからかイベントもふたりでやることが増えた。
"ぞめてぃ"と呼ばれるようになった、藍染カレンとわたしのなれそめ。

深夜に語ったから距離が近くなった

かてぃ　ウチら、ZOCがはじまったあたりではなかよくなかったと記憶。

カレン　会って3回目くらいまでは目すら合わせてくれなかった。あんたのそれは、食わず嫌い的なところあるよね。

かてぃ　そうそう。

カレン　ミスiDではかてぃのほうが1年先輩だったから、わたしは存在を知っていて一緒のグループになれてうれしいなって思っていたんだけど、あなたが心を閉じてしまっていたから。

かてぃ　ZOCがはじまってわりとすぐにメンバーの家に泊まりに行くようになって、カレンも来て。そこでなかよくなれた気がする。

カレン　徐々に、いつの間にかって感じ。

かてぃ　それから今度はカレンがうちに泊まりに来るようになった。

カレン　当時わたしの家が横浜の端っこだったから、帰るのが面倒で2〜3カ月くらいほぼ毎日入り浸ってしまったね。

かてぃ　ZOCがはじまったばかりだけどあまりうまくいかなかったころで、ひとりだと寂しかったからわたしはよかったけど。

カレン　わたしは全然寂しいとかじゃなかった。

かてぃ　もう一生泊まりに来るんじゃねえ。

カレン　やだ（笑）。深夜3時ごろからよく語ったね。

かてぃ　カレンが悟空でわたしがベジータってことで、"悟空とベジータタイム"って言って、3時になると急にZOCについて向き合う。「ZOCどうする？」みたいなことを朝まで話し合った。

カレン　たいして解決策は出ない。

かてぃ　結論もなにも出ない。

カレン　でも結成当初、メンバー全員が一匹狼タイプばかりだったから、まとまって行動していくことすら難しくてやきもきしていて。かてぃも同じ気持ちなんだって共有できたこの時間は必要だった。かてぃが根がまじめで義理がたいところがあるのも知れたし。

かてぃ　カレンはど陰キャすぎ。その少しあと、家から出てこなくなった。

人見知りのかてぃがカレンを束縛する!?

カレン　今わたしはほめたのにそれかよ。

かてぃ　逆にわたしは出ないとダメなタイプだから、なるべく連れ出そうとしてしまう。

カレン　初めてふたりで出掛けたのがピューロランド。ちょうどぞめてぃが生まれたくらいの時期だったね。

かてぃ　大森さんに「ぞめてぃはふたりでいるのがいいからいなよ」って言われて、大森さんの言うことなら絶対だから。アイドル映えスポット＝サンリオピューロランドだろ。みたいな感じで決めて。

カレン　「ビジネスぞめてぃをしにピューロに行こう」って（笑）。初めて行ったけど、わたしはかわいいもの好きだし写真の撮れ高もよかった。ファンの子も喜んでくれたし、かてぃと遊ぶのも楽しかったよ。

かてぃ　それで、第2回でディズニーシーへ。

カレン　それ絶対忘れられないんだけど。わたし怖いの苦手なのにタワー・オブ・テラーに乗せられた！　親切な子が偶然ファストパスをくれて、「そういう運命だよ、カレン」ってかてぃに言われて！

かてぃ　覚えてない。

カレン　乗ったあと2時間くらい声出なかったわ。

かてぃ　まあ人間的には合うけど、性格的には真逆だということね。

カレン　わたしのこと陰キャ陰キャ言うけど、かてぃも特別明るくもないし。人見知りが半端ないから、真逆でもないのかな。人に心開けないから勘違いされやすいけど、悪いやつじゃないから。

かてぃ　カレンは全然人見知りしなくてすごい。わたしの友だちにも紹介したけど、みんなと普通に話してた。

カレン　人付き合いは苦手だけど、かてぃのことを好きなみなさんなら全然平気だよ。

かてぃ　すごいよねえ。わたしは友だち全員に会わせたけど、でもカレンがカレンの友だちと遊んでいるのは見れない。

カレン　すごく嫉妬するよね（笑）。わたしがほかのアイドルの子と遊んだら、文句言ってくる。怖いから言えない。

かてぃ　でも一応、メンバー全員に嫉妬するから。

カレン　わたしたちのこと自分のものって思っているふしあるよね。Twitterに友だちとの写真を載せたらLINEじゃなくてリプで嫉妬してくるから、本人たちがそれ見て怖がってたよ。「かてぃちゃんが怒ってるよ！」って（笑）。

かてぃ　それはもう仕方がないことですので。カレンはわたしのことどう思ってんの？

カレン　そうだなー、5歳児？「今日もえらいね、よしよし」って扱うのがいちばんうまくいくって最近の気づき（笑）。かてぃは？

かてぃ　うーん。世話してくれる、よくいるやつ。

カレン　ひでー。でも本当に人になにかしてもらうのがうまいよね。「カレン紅茶いれて」「カレンあれ取って」って甘えてくる。

かてぃ　自分が動きたくないときは「お姉ちゃん」って言葉を使うと、みんなが動くって気づいてしまったのだよ。

ぞめてぃでいると安心する心の拠り所になった

カレン　確かに、「ねーねー（姉）」ってよく言ってるわ。それか。

カレン　ぞめてぃイベントのはじまりは、わたしがミスiD時代から

ピューロランドで撮った写真。アイドルたちが行きがちなのも、納得のかわいさだった。

カレンを連れ出すプロジェクト。猫カフェでふたりして猫に夢中になってた

やっていたイベントをZOC入ってからも続けていて、それにかてぃにゲストででてもらってからだったよね。その後"ぞめてぃイベント"って、ふたりでやるようになったっけ。

かてぃ　うん。それで2回目にはもう結婚式を挙げるという。ウェディングドレス着て、ケーキ入刀して楽しかった。

カレン　基本はトークイベントなんだけど、わたしたちは全然トークがうまくないから、ヤバいって初期の段階で気づいて。歌を歌ったり踊ったり、ハンドベル演奏したりトークを減らす方向でイベントを考えるようになるっていう。ZOCの中でも、ほかのメンバーにトークを投げがちのふたりだからなぁ。

かてぃ　わたし、カレンが喋ってると無言になっちゃうんだよね。

カレン　それしらけてるんじゃん。

かてぃ　安心してるんだよ。

カレン　イベントはじめたころはふたりでの仕事が増えたらいいねって話していたけど、実際に増えてきて今うれしいよ。だからこれからもがんばろう！　かてぃはふたりでなにがしたい？

かてぃ　富士山に登りたいかな。

カレン　じゃあ富士山に登ろう。全然登りたくないわ！

かてぃ　じゃあ言わせてもらうけど、カレンはもっとうちに来た方がいい。

カレン　最近はちょっと行ってないなって思ったら顔出すようにしてるけど……。

かてぃ　ほんと最近だよ、顔出しはじめたの。

カレン　かてぃプロジェクトが発足したし、大丈夫でしょって放置してたら、渋谷のど真ん中で「カレンはもううちに来てくれない」って大泣きしたから、これはマジだって危機感を感じたよ……。

かてぃ　がちで涙出たから。寂しかったんだよ、きっと。

カレン　気をつけて顔をだすようにするから。泣くのはやめな。

かてぃ　放置はダメですからね。イベントとかでは喋れなかったりもするかもしれないけど、わたしはカレンのこと外に連れ出したりするのをがんばるから、これからもぞめてぃでいよう！

カレン　オッケー、また旅行も行こ！

DEAR KASHII KATY

かてぃへ

かてぃはかてぃのままで
立っていることが
みんなの希望で
アイドルだよ!!!
思いつめすぎず
優しいままダメダメに
なってもよりので
ZOCを押し広げて
ゆきましょう!

もうちょり
気軽に
なんでも
話してください。
かてぃ

エクステのシール

大森靖子

かてぃへ ♡♡

いつもメチャクチャで意味分かんなくて
真っ直ぐで自分のいいとこぜんぜん分かってなくて
でも、だから、知名度どれだけ上がっても変わらず
ひたむきなかてぃが本当に可愛いよ。
どうかそのまま光って生きててね
大好きよ。

藍染カレン

あんたは超かっこいいよ

戦慄かなの

すこだよぉ〜♪♪
これからもよろしくネ (˙꒳˙)♡
かてぃこしか勝たんわ ♡♡
かてぃこしか!!!

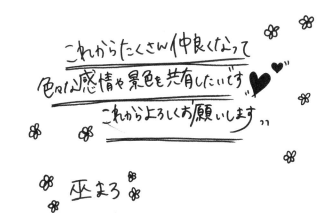

(ZOC)西井万理那 まりな

これからたくさん仲良くなって
色々な感情や景色を共有したいです
これからよろしくお願いします

巫まろ

CHAPTER

08

わたしに聴け

100

QUESTION

AND

ANSWER

香椎かてぃのあたまの中は
一体どうなっているんだろう。
少しでも理解したいから、
100個の問いを投げかけてみた。
神聖なカラオケルームで
タバコを吸いながら
導いた答えを聞きなさい。

画：かてぃ

チョレギサラダ革命
ごま油はマジで

QUESTION **001** カラオケで歌う18番を教えて

中森明菜の「少女A」

ネットで最近知ってハマった。
あとは大森靖子さんの『みっくしゅじゅーちゅ』

QUESTION **002** 人生最後の日に食べるものは？

QUESTION **003** 初めてタバコを吸ったときの感想をどうぞ

意地でも吸いきってやる！

（このときからずっとメビウス）

ざゆうのめいって何？
四字熟語？

安全パイ！なにごともアンパイがいいにきまってる

QUESTION **005** 座右の銘はなんですか？

アンパイ！

QUESTION **004** お気に入りのデートスポットは？

あんまデートしたことない。けど、

横浜のみなとみらい かな

QUESTION **006** どんな女の子が好き？

ボブの子

かわいらしいし、ウチが世界一似合わないから

QUESTION **007** 今ハマってるものは？

セットアップの服探し！

らくでいいなって気づいて、ずっと探してる

QUESTION 009
好きな色を教えて

青、黒、ピンク

QUESTION 008
恋するとどうなるの？

メンヘラ になります。

ぜんぶその人優先になって、スマホもいじらなくなる。
とにかくどっぷりつかってしまう

QUESTION 010
好きな女の子の仕草は？

顔の横で手、バイバイって するやつ！

手をパーにしてくるあの感じ。
あと、"あのねあのね"って寄ってくるのも好き

QUESTION 011
好きなキャラクターはいますか？

妖怪系

QUESTION 013
生きているなかで
幸せを感じるときって
どんなとき？

スマホの充電
たまってたとき

QUESTION 012
好きなお菓子はなんですか？

コンビニに売ってる50円くらいのチョコケーキ2枚入りので、積み木のマークがあるやつ

(有楽成果のチョコケーキ)

いっぱいあると興奮する

014 どんな体勢で寝てる？

横向き 左向き

YouTubeのゲーム実況を流しながら寝るのが好き

QUESTION
015 好きな花は？

椿

QUESTION
016 ファンのこと
どれくらい好きですか？

めっちゃ。

なにかと比べることが
できないくらい

異世界の好き

QUESTION
017 メンタル強くするには
どうすればいいですか？

気合い

なろうとしてないから、こういうこと言ってくる。
メンタル強くって、

なろうとするもの

だから

QUESTION
018 なにか挑戦したいこと
ってある？

バンジージャンプ

絶叫系好きだけど
バンジージャンプだけ無理

QUESTION
019 初めてメイクしたのはいつ？ 小学4年生

ケイトのアイシャドウを初めて買った

QUESTION 020

かわいくなる方法を教えて!

気合い

いちばんのコンプレックスを見つけて徹底的に調べて、メイクのやり方を見つければいい

QUESTION 021 一度は行ってみたい場所はどこ?

セブ島……あ、**パリパリ!** パリのカフェ!

最近見た映画がパリだったから。ウチの

思考はすべて映画

でできてる

QUESTION 022 動物だったらなにになりたい?

ワニ

爬虫類系が好き。カッコいい

QUESTION 023

最長で何日お風呂入らなかった?

中2の夏、海に行ったあと **1週間** 入らなかった。ずっと自分から砂がでてた。

むしろ最後の方 **全体的にサラサラしてる自分** がいた

QUESTION 024

お風呂のどこが嫌いなの?

長い!

洗うところ多くて長い!
入っても濡らして5分ででる

QUESTION 025 効果があったダイエット方法を教えて!

腹筋

半年くらい、1日3分ってきめてやってて初めて腹筋割れた

QUESTION 026 好きな本は?

最近のギャル誌はギャルではない!

昔のギャル雑誌

027 口ぐせってなにかある？

「**クソ**」
「**おい！**」
「**けんちゃなよ**」
（大丈夫ですって意味の韓国語）

028

ZOCの好きなとこ7つ答えて！

① 居心地いい
② こう見えて仲がいい
③ ネットで仲いいアピールしないようにしてる
④ にっしーが天才
⑤ 全員好みが独特でおもしろい
⑥ わたしの足の匂いで驚かない
⑦ みんな違ってみんないい

029 逆にファンに
質問ありますか〜？

愛伝わってますか？

030

ZOCメンバーで
入れ替われるとしたら誰になる？

にっしー "天才"
だから彼女は

031 ZOC で彼女にするなら誰？

"かなの" or "まろ"

032 ZOC メンバーみんなの第一印象を教えて！

靖子さん「**本物だ**」 カレン「こいつとは関わらない」
かなの「**ヤバいのいる**」 まろ「かわいいどタイプ」
にっしー「**にっちゃんだ**」

ごはん。

そこに異性がいたら浮気

QUESTION 033
朝起きて最初にすることはなに？

タバコを吸う

苦しいけど吸う。
あ、タバコ吸おって思う

QUESTION 034
街でなんて声かければいいですか？

ヤッホー

QUESTION 035
自分の足の臭さを
3文字でどうぞ

ふつう
普通の臭さ です

QUESTION 036
浮気のラインはどこから？

QUESTION 037
子供のころ好きだった
ブランドは？

ココルル

QUESTION 038
生まれ変われるならば？

男 上裸で サッカー したい

QUESTION 039
今日の朝食のメニューは？

1カ月前のベーコン

お母さんにダマされた。なんか色悪いなって

ぜんぶ吐きだした

友達をつくるにはどうしたらいいですか？

話しかけるんじゃない

小1のころ、同じ学校の知らない人が近くに住んでるって知って、

「友達になろ」って
ピンポンしにいってた

出没するスポットを教えて！

「渋谷」。下北にもいるかな

かてぃファンの総称をつけてください

モノズキ

モチベーションあげるための、ルーティーンはある？

ブレスレットめっちゃつけてる

ときは気分いい　ただ金アレ　だから毎日はつけれない

どんな男にほれちゃう？

ウルフカット でおしゃれな人

今まで付き合った人数は？

2人

でも1人は3日で別れたから、ほぼ1人。
初めて付き合ったのは高1

尊敬する人は？

いっぱい

でもわたしと兄を育てたお母さんは
本当にいかついし尊敬する

QUESTION 047
好きな動物は？

でかめの。

でかかったらなんでもいい。
でも、像はでかすぎ。馬くらいがいい。
でかいのは動物感あるから好き

QUESTION 048
ハマってるゲームは？

Wiiの
スーパーマリオ

QUESTION 049
好きな4文字
熟語は？

超下克上

QUESTION 050
休日の過ごし方を教えて

外にでる。あとは
古着屋めぐり

QUESTION 051
一番好きな顔面は？

キム・ジェニ

とにかく美しい

QUESTION 052
自分の好きなところはどこ？

耳が左右対称

ってか耳がまだまし！　ってだけ

QUESTION 053
やってみたい
ヘアスタイルは？

ツーブロックと
重めのパッツン前髪

モードっぽい

ツーブロ
ツインテール

054 最近の悩みはなに？

部屋が汚い

QUESTION

055 人生でした最も大きいケンカは？

中学のとき、突然兄が教室になぐりこんできて

イスと机が
空中で舞って戦争

みたくなった

QUESTION

056 最近最もむかついたことは？

いつメンの集まりが悪い

むかつくというか大人になっていく感じが
たまらなくイヤだ

QUESTION

057 髪の色はどう決めてるの？

メンタルにまかせる

特に金が多いかなぁ。インナーだけとかも含めて。

金は"やってやるぞ"の金！

QUESTION

058 好きなスポーツは？

バトミントン
ラリーが続くとき限定

QUESTION

059

おにぎりの具は何が好き？

塩

おにぎりって、
具が入ってると
ちょっと気持ち悪くなる

QUESTION

060 自分の部屋のお気に入りの場所は？

棚の上の
ひとつだけ
凝ってる
小スペース

QUESTION
061

季節はいつが好き？

夏

みんな外にでてるし、

毎日オールしたい

服装も薄着になるし

QUESTION
063

元カレがしつこかった場合
どうしますか？

同情して、

まんまと
引っかかる

スパっときれいに次にいけない

QUESTION
062

言わない派

彼氏ができたら好きって沢山伝える派？

うら垢とかでは言います。

直接は言わない。恥ずかしいんで

QUESTION
064

おばあちゃんになったら何してると思う？

孫の体育館履き入れを
つくってる

QUESTION
066

マッチョと細マッチョ
どっちが好き？

デブ
がいい

ちょっと太ってる方がいい
肉ついてるムチムチ感が好き

QUESTION
065

禁煙しないとって思うのはどんなとき？

ノドがいかれたとき。逆に

地声がきらいだから
いかれさせたい
かっさかさの声にしたい

通常でも声のトーンは下げてる

QUESTION
067　人生のターニングポイントは？

18歳。お金を稼ぐ大変さや
人間関係のむずかしさ
悪い大人がいるってことも知った

QUESTION 068 好きな寿司のネタは？

ねぎとろ

QUESTION 069 好きなお笑い芸人は

狩野英孝

QUESTION 070 好きな漫画は？

漫画ほぼ読まない

漫画のおもしろさわからない。アニメで見た方がらくじゃないですか

読むという行為がきらい

QUESTION 071 好きなお酒は？

カシス
オレンジ

毎回カシスオレンジをひたすら飲んだ後に、
ちょっと強めのレモンサワー飲みつつ、
やっぱつえーなって無理になってカシスオレンジに戻る

QUESTION 072 前髪のこだわりを教えて

お風呂入らずに
2日目くらいの前髪
は調子いい。うねっとしてべちゃっとしてぬめっとしてる

QUESTION 073 お金はどれくらいありますか？

ないです

お金入ったらすぐ使うんで
けっこう
カードも使っちゃう

QUESTION 074 結婚相手の条件は？

お金持ち！

075
食欲、睡眠欲、性欲に
負けないほど強い、
あなたの〇〇欲を教えて

病む欲

QUESTION
076 いつも何時に寝てるの?

AM7時

最近はAM9時

6時間睡眠が平均。このあいだは

PM8時半に
起きた

QUESTION
077

センスってどうやって上げてるの?

人を見て学ぶ

街の人とか、この人いいって

思ったら隠し撮りしてる

QUESTION
078 無人島に1人だけ連れてくとしたら?

ひとりでいきたい!

だって無人島なんて行ったら絶対死にたくなるでしょ。
一緒にいたら、最後自殺もできない
夜怖いし、自由にいられないくらいなら
いっそひとりがいい

QUESTION
079

泣くことってあるの?

悔しくって泣いた
あとはね、もう気持ち的に毎日泣いてる
あと

ZOCを悪く言われたとき

恋愛映画でもすぐ泣く

QUESTION
080

幼いころやってた習い事は?

習字、新体操、サッカー、バレーボール、公文、
アトリエ、ヒップホップぜんぶ自分から
やりたいって言った。

新体操、
ダンス

がいちばん続いたかなぁ

081 いちばんうれしいほめ言葉は？

ほめ言葉って嘘に聞こえるからなんとも思わない

かわいいとか、顔ちっちゃいとか嘘にしか聞こえない
ZOCに関して、勢い凄いねって言われるとちょっとうれしいかも
自分ひとりに対してだと響かないの

082 アイドル以外にやりたいことは？

イルカの調教師

083 50m走何秒で走る？

中学までは7秒高校で12秒

085 何フェチ？

歯

奇抜な歯が好き

ちょっと差し歯あったり、ちょっと
歯で、この人好き〜ってなる

084

会いにきて

あるんじゃない？

夢にでてくるパターン

実際に会ったら

知らないです。夢の出方なんて。

かていが夢にでてこないですけど？

086 なにか韓国語教えて！

チャカ 좋은 만남　**チャッカンマン**
　　　　　　　　　　　　　　：ちょっと待ってくださいの意

最近の口グセでもある。「ちゃっかんまんちゃっかんまん！」って使ってね

087 小さいころの夢はなんだった？

ケーキ屋さん
あと獣医にもなりたかった。

小学校のころ、ケーキ屋にたまるのが好きで。
でもグラムとか測るのとかイヤでやめた

小学生のころ動物のことしか考えてなかったくらい。図鑑も、解剖の仕方とかもぜんぶ読んでうさぎ、トリの種類なんてぜんぶ言えた。

QUESTION 088
スタバのカスタムは？

氷多め！

QUESTION 089
きらいな人への対処法を教えて

きらいな人、関わったことない。
きらいになったら本当に無理になるから、どうしても逃げれないときは
病んだふりしてでも
会わないようにしてる

関わらない以外ない

QUESTION 090
好きなひらがなは？

うがつくもの、
ぜんぶ言いやすい
うんち　うんこ

QUESTION 091
インスタのpantykaty、
どうしてパンティーなの？

韻をふんでるの

QUESTION 092
子供ができたらなんて名前つける？

りょう（女の子）

QUESTION 093
今までの
あだなの歴史を教えて

ブス（名付け親兄）
∨
かてぃ
∨
手デブ（名付け親柔道部）

QUESTION 094
耐えれないほど怖いものは？

夢が夢で終わること

人をかわいくできる

QUESTION **095** 得意な料理は？

チーズタッカルビ

むしろこれ以外はつくれない

QUESTION **097** 初めて買った CD は？

西野カナの『Esperanza』

QUESTION **096** 特技を教えて

この人に似合うだろうなっていう、メイクをするのが得意

マキシマムザホルモンの『グレイテスト・ザ・ヒッツ 2011〜2011』

QUESTION **099** ここぞってときは、何着てる？

ちっさい花柄のキャミソールにセットアップ

QUESTION **098** 頑張ったときの自分へのご褒美は？

生ハム
コンビニの生ハム

QUESTION **100** あなたのここだけの秘密を教えて

A型

QUESTION **101** 質問が 100 個終わった今の気持ちをどうぞ

タバコ吸いたい

わたしの肉声を聴け

クソなりにもがいた半生のこと、ぜんぶ。

ヤンキーの兄にいじめられ、彼氏にDVされて流血沙汰。ついでに高校中退のはんぱもの。
金なし、家なし、学もなし。クソなわたしが夢を諦めなかった話。

家族全員ちょっと変で
自由にやりたいことをやってた

「いちばん古い子どものころの記憶は？」と聞かれてあたまに浮かぶのは"お兄ちゃんとのケンカ"。幼稚園のころからお兄ちゃんとの殴り合いが、わたしの日常だった。

家族は父、母、兄2人とわたしの5人で、横須賀ですくすく育った。お父さんは釣りの仕事をしていて、テレビにもでるような人。ある日「釣りに行く」と言って出かけて行って、それきり帰ってこなかった。沖縄にいるのはわかっていて、今もたまに会ったりしてるけど家には帰ってこない。お父さんはとても自由な人なのだ。

お母さんは自営業の美容師。それからかな

りの変人。小さいころは毎週、家を改造していた。部屋の数が増えたり壁に大きな穴が開いて隣の部屋と行き来できるようになったり、2階へ上がれるはしごができたり、壁紙も変わっていたり……と、からくり屋敷かってレベルで大改造を楽しんでいた。

うちでは毎年夏休みに1カ月半くらい三宅島に行く習慣があって、仕事のあるお母さん以外で島に出かけて帰ってきたら庭に大きなプールができていることもあった。冬には家全体がイルミネーションでクリスマス仕様になるし、「あの家はすごい！」ってウワサになっていた。でも、これらはお母さんがわたしたち子どものためを思ってやってくれていたのかというとそうではなくて、どうやら"近所を盛り上げたい"っていう気持ちからだったらしい。庭のプールにも近所の子どもたちが入りにきていて、わたしは「うわー、赤い虫が浮いてるー」と、冷めた目で見てた。

家の改造はわたしが高校にあがる年齢まで続いた。お母さんはよく「本当に自分がやりたいことならやっていいよ」って言ってくれていたし、自分がそうしているのを見せてくれていた。だからわたしも部屋の壁を紫に塗って、絵の具で絵を描くとか自由にしてた。それから「自分の目標をノートに書け」とも言われていて、その教えを守っていた。目標をきちんと言葉にしてノートに書き出すと叶う、というもの。この習慣は今でも続いていて、スケジュール帳に毎月の目標を書いてる。勉強ができないのを怒られたことは一度もない。そしてお兄ちゃん。10個上のお兄ちゃんはまじめだけど、一つ上のお兄ちゃんはめちゃくちゃ怖くて、ドン・キホーテ前によくいるヤンキーを想像してもらえると雰囲気が伝わると思う。大人になると顔は

毎日あざだらけで暴走族にも入るような強い人で、子どものころのケンカはこっちのお兄ちゃんとしてた。上のお兄ちゃんはよく守ってくれていたけど、それでも年子のお兄ちゃんが強すぎて、毎日争いは絶えなかった。アニメも絶対に少年ものしか見せてもらえなくて、子どものころはアニメといえばドラゴンボールだった。おそらくそのせいで、わたしの心のなかに男の子っぽくなりたい気持ちが芽生えたんじゃないかと思う。

幼稚園のころ恋愛に目覚め
初彼は小5でできた

小学生のわたしは、将来の夢を「ケーキ屋さん」と言いながらも特になにかするわけでもなく、葉っぱとか食べて遊ぶような子だった。そのころはなんの影響かわからないけど、野生児な自分が好きだった。友だちと秘密基地をつくって日が暮れるまで遊んだり、田んぼに行っておたまじゃくしを捕まえてカエルになるまで育てたりもした。野生児に飽きたら次は中国人に見られたいブームがきて、カンフー道着でショッピングモールに行って友だちと中国語風な会話をしたり、チャイナ服着て原っぱでバク転をしまくった。

バク転ができたのは新体操を習っていたから。運動が好きで、ほかにもサッカーやバレーもやってた。アトリエに絵を習いに通ったり、習字もやった。当時は勉強している友だちに憧れて、塾にも行った。塾は勉強が苦手だから少ししたらやめて、でもまた行きたくなるから新たに通って……と3回ほど繰り返した。いろいろと自由にやらせてもらったのはありがたかったけど、全てを許してくれたうちの親はやっぱ変わってる。

初恋は幼稚園で、けっこう恋愛体質だった。積極的に「好き好き」って追いかけるタイプだったけど、好きな男の子には気持ち悪がられて恋は叶わなかった。

PART

小学校に上がってからは、好きな人ができても積極的になれなくなってしまった。というのも、わたしのお兄ちゃんが好きな人の前で容赦なく冷やかしてくるから。それと小2のときにお母さんに初めて「EXILEのTAKAHIROがカッコいい」って打ち明けたら、「こういう顔が好きなんだ!?」って言われてなんかめちゃくちゃ恥ずかしかった。「もう一生言わねえ」ってそのとき心に誓ったから、基本わたしの家族には誰にも好きな人ができても言わなくなった。

そして時が経って小5のとき。小1で好きだった男の子と付き合えることになった。わたしの初めての彼氏はダイちゃん。ダイちゃんはイケメンで背が高くて、クラスの女子もほとんどの子が「ダイちゃんが好き」って答えるくらいの人気者。でも初彼とは続かず、付き合って1週間くらいで別れてしまった。ちなみにダイちゃんは中学に入ってから様子がおかしくなって人気が落ちたんだけど、わたしは知ってた、小1のころから言動が"そっち"ぽかったということを(笑)。そんな彼は今でも唯一といえるほど貴重な男友だちで、わたしの人生における重要人物のひとり。「殺すぞブス」とか軽々しく言ってくるんだけど、なーんか愛のある"コロス"なんだよね。

小4でギャルに目覚めて
小5でももクロにハマる

小学生のころからもう髪の毛にこだわりがあった。最後にロングヘアだったのは幼稚園で、小学校ではずっとショートヘア。お母さんが美容師だったし、同じ髪型でいたくなくてしょっちゅう切ってもらっていたら、最終的にショートになったのだ。切るところがなくなってからも前髪をちょっとでも切ったりして、絶対に変化はさせた。そして小5のとき、ついにヘアカラーデビューも。お母さんが美容師の大会に出るために、モデルとして髪の毛をパープルに染めてくれたから。「めっちゃフリーザじゃん」って思ったけど、イヤじゃなかった。むしろ「これが染めるってことか!」と新しい世界を知った気分だった。それからはしばらく金髪がわたしのトレードマークに。土地柄もあったのか、学校でも特におとがめはなかったよ。

髪も服もこだわりが強かったわたしは、小4でメイクを覚えたいと思い、『Ranzuki』と『egg』の2大ギャル雑誌を買ったのがきっかけで、将来の夢が"渋谷109で働くギャル"になった。

アイドルを知ったのは小5のとき。テレビでももクロ(週末ヒロイン ももいろクローバーZ)を見て衝撃を受けた。わたしのなかのアイドルはブリブリ系の女集団ってイメージで、「こんなに素直でかわいくて、変顔もできるアイドルもいるんだ!」って、アイドルのイメージが変わったんだ。掘り下げてみるとさらに深みにハマってしまって、お母さんにお願いしてファンクラブにも入った。そんな少し大人びた小学校生活を経て、思春期に入っていく。

初めてのアイドル活動は
ロリータファッションで

中学校が大好きだった。部活に生き、青春している系女子だったわたしの入ってた部活はソフトボール部。なかいいメンツが揃っていたから、毎日部室に顔を出した。ただ、競技自体のルールを知らなかったから、ソフトボールは一切せずに部室

でおせんべいを食べて喋る日々。そんな風に
ゆるーく過ごしていたら、2年のとき、学校で
もめちゃくちゃ怖いことで有名だった先生に
部活の顧問が替わった。でもわたしたちがち
でルールがわかんなかっただけだし、基本み
んな言うことを聞くハッピーギャルだったか
ら、逆に愛着がわいたみたいで、試合のやり方
もぜんぶやさしく教えてくれた。ウワサとは
違ってめちゃくちゃいい先生で、「人は見かけ
じゃないんだなー」と実感。そしてわたしたち
は中3でやっとソフトボールというものを理
解し、試合に出られるまでに進歩した。ちなみ

にわたしはピッチャーとサードっていう花形
ポジションに。運動神経はよかったんだよね。
　試合ではスパイクがダサいと思っていたか
ら、全員ネオンピンクのハイカットスニーカー
をはいて他校に笑われてた。でもわたしたち
はギャルだから、ギャルのマインドを大事に
したいと思って基本派手にやってた。わたし
の活躍はというと、ほとんど試合には出られ

ない選手だった。なぜならユニフォームを試
合に持って行かなかったから。当時かてぃプ
ロジェクト（P.136参照）があれば、ユニフォー
ムを用意してもらって試合に出られていたか
もしれないけど（笑）、仕方ないからわたしは「エ
ンダーーーイヤーーー」（ホイットニー・ヒュー
ストンの『I WILL ALWAYS LOVE YOU』）っ
て友だちと合唱して、ベンチを温める係をまっ
とうした。試合には出られなくても必ず現地
には行く。大事なのは大好きなメンバーと青

春を過ごすことだったから。
　気持ちがギャルなわたし。部活以外では
『Ranzuki』のモデルになりたいと考えている
ような子だった。でも16歳以上じゃないとモ
デルに応募ができないから、自分でクルーズ
ブログ（ギャルに人気だったブログサイト）を
開設し、渋谷で買った服を「購入品です」って
載せたりして、けっこうマメにギャル活をし

てた。
　でも中2のとき、ももクロのファンクラブ限
定イベントに『Z女戦争』のコスプレして行っ
た。それで通路側にいたら、トロッコで夏菜子
ちゃんがすぐ横を通った。周りには男の人し
かいなかったからわたしが明らかに目立って
いて、絶対にわたしに向かって手を振ってく
れてた。そのときの夏菜子ちゃんの目が「こっ
ちの世界においで！」って言ってくれている
ような気がして、眩しい笑顔に答えるように「わ
たしも絶対にアイドルになる！」って決意が
固まった。それからはエビ中（私立恵比寿中学）

やでんぱ（でんぱ組.inc）とかいろんなアイド
ルを見るようになって、好きなアイドルもど
んどん増えていった。
　ある日学校で将来の夢を提出するとき、わ
たしは当たり前のように"アイドル"って書い
て出した。でもみんなに「お前には無理だろ」っ
てめちゃくちゃ笑われた。性格も男っぽかっ
たし、冗談だと思っていたみたい。ジャニーズ
好きはいたけど女の子のアイドルが好きなの
は自分しかいなかったし、あまりわかっても

らえなかった。それからはなるべくアイドルの夢を他人に言わないようにした。でも人がなんと言おうと、絶対にアイドルになる気でいた。

"かてぃ"ってあだ名がついたのはちょうどこのころ。「狩野英孝の元妻が、英孝のこと"かてぃ"って呼んでるんだって」って話から、わたしの名前に"か"がついてるだけでそう呼ばれるように。今では当たり前のようになじんでいて忘れていたけど、「わたしそういえば狩野英孝さんからきとるわ」って最近しみじみと思い出した（笑）。

中3では映画『下妻物語』を観て、強く影響を受けた。作中に出てきた深キョン（深田恭子さん）のロリータがめちゃくちゃかわいくてロリータになりたいと思い、さらにちょうどそのときロリータアイドルのオーディションを見つけて受けることに。これがわたしの最初のアイドル活動。

オーディションに受かってとんとん拍子に

アイドルになったわたしは、それから毎週末、都内でライブをした。でもこのアイドル活動には違和感があった。「ロリータクソ似合わねえ！！」と。

自分はそのころ人生でいちばん太っていて、自分を鏡で見ることが苦しかった。自撮りなんて女の子がするものだからと壁をつくり、わたしはSNSに自撮りをあげなかった。メンバーはみんなかわいくてちゃんとアイドルだったのがうらやましかった。

学校では爆笑の毎日だったけど
隠れて泣いてたこともあった

わたしを応援してくれてた人は2人ほど。ライブ後にある1時間のチェキ会は、2人とチェキを撮り終えたら下を向いて、涙をこらえて時間が経過するのをひとり突っ立って待つ地獄のような時間だった。

「アイドルでいたいし、せっかくだからこのグループでいいところまでいきたい」という思いと、「やっぱりなんか違うな」という思いとの葛藤で徐々に心が死んでいく。

ある日プロデューサーに「お前はアイドルに向いてない」と言われてそのグループから脱退した。メンタルはかなり落ちたけど、友だ

ちからも励まされ、しばらく時間はかかったけど死んでいた心もしっかりと取り戻すことができた。

その後に待っていたのが高校受験。試験を受けたくなかったから推薦を狙いたいと先生に伝えると、中3の1学期の成績が5段階中オール1を取っているような生徒だったから、「推薦どころかどこにも行けないよ」って現実をつきつけられてがちで焦った。先生に「点数は意欲で稼げる」というアドバイスをもらったから、勉強はできないけど意欲的な態度を示して、なんとかオール3まで成績を上げた。そのおかげで校長推薦がもらえ、私立の高校へ無事に進学。しかし安心したのもつかの間、そこでまたひと波乱が待っていた。

好きな人へのアピールに
ポスカで鼻血を描く

せっかく入試を避けたのに、入学してすぐに学力テストがあった。なんとここで、学年最下位を取ってしまったのだ。でもわたしは初めて見る最下位の順位にショックを受けるより、逆に清々しくて素晴らしいなと思ってしまった。1位もいれば最下位だっている。その最下位を知るのは、わたしのほかに誰もいないのだから。

そんなアホポジティブなことを考えてやり過ごしたものの、その後も勉強する気が起きなかったため、テストは常に平均12点ほど。結局在学中に50点に届いたことはない。

こんなんで友だちができるか心配だったけど、あずげっていう今までに会った変人の中でも見ないタイプの変人となかよくなれた。あずげは気が狂っていてアイドル好きという共通点があり、すぐに打ち解けることができた。初めてアイドル好きな友だちができたのがうれしかった。

そして、高校では大恋愛をした。相手はサッカー部で目がぱっちり二重のイケメンで、髪はさらさら、ピアスガンガンに開いていて、背が高くてモテる理想の塊って感じの男の子！

学校から駅まで距離があったから、友だちと下校時に彼をこっそりと駅まで尾行するのが日課だった。そのころから好きな人に対して変態気質になったと思う。

高校でもまったくモテなかった。わたしが好きになる人はいつも"人間離れした人"なんだけど、ずっとジャニーズの嵐が好きだったから、スマートで夢を見せてくれるようなキラキラした人に憧れがあった。だから、男の人の食事をするとか水を飲むとか、生きるための仕草を見ると少し動揺してしまう。好きな人にそういう気持ちを持つのが怖くて、食事をするときはずっと下を向いて見ないようにしてた。今もだけど、そういうところがモテない理由だと思う。

それと相変わらず好きな人にアピールができなかったのは、恋愛でいつも邪魔をしてくるお兄ちゃんの存在が、小学生のころよりパワーアップしていたせいでもある。

お兄ちゃんとは違う高校を選んだからやっと逃げられたと思っていたんだけど、それは甘い考えだった。横須賀の悪い高校で有名人だったお兄ちゃんのウワサはわたしの高校にももれなく届いていて、「周平くんの妹だよね」と声をかけられたり、「ヤベー子が入ってきた」って1年の教室まで先輩たちが見にきたりしてた。そんなんだから、好きな人ができても「お前の兄ちゃん周平だろ？　やだよ関わりたくない」って感じになって、なかよくもなれなかった。だからずっと友だちは女の子ばかり。お兄ちゃんのおかげでいじめは一切受けなかったけど、お兄ちゃんからはいじめられてたし、そこにありがたみは感じなかった。

どうやったらサッカー部の彼に見てもらえるんだろ。あの人の目に映りたい。と考えて、"注目されよう"という答えにいき着いた。そこで、昼休みはあず

01

ビ中などの
なった。さら
鼻血を描いて学
と思っていたら近
入り、先生に怒られて
好きな人にも話しかけ
ぎたため、みんなに"変
高校で変人枠
だった。

踊り狂えば変人扱い!

アイドルの曲を歌って

から聴いていたけれ
はでんぱの『W.W.D』だ。
もっていたという歌詞に
した。それで「ちょっとやっ
持ちで、高1の夏は引きこもる
に学校に不満があったわけじゃ
んでた。"引きこもる"という形を
しく言えば不登校。そのころのわた
時くらいに外に出て、学校が終わっ
う毎日だった。
かったのは、わたしは人と会わ
いうこと。そういえば小学校
とダメだった。ひとりで過ご

げと廊下で乃木坂46、でんぱ、ももクロ、エ
アイドル曲を歌って踊って過ごすように
にもうひと押しと、文化祭ではポスカで
校を回った。これなら目につくだろう
隣住民の方から「不謹慎だ」と苦情が
鼻血は取ることになった。もちろん
られなかった。わたしは目立ちす
人のかてぃ"と言われるように。
に入ってしまったのは大誤算

**なにも不満は
ないけど
興味本位で
引きこもる**

アイドルの曲は普段
ど、わたしを変えたの
いじめられて引きこ
新世界を見た感じが
てみるか」と軽い気
ことにした。
といっても別
なかったから、普通に外で遊
取りたかっただけだから、正
しは午前中引きこもって15
子をつかまえて遊ぶとい
引きこもってみてわ
ないと絶対に死ぬなと
のころから一日誰かに会わない
していると、"世界には自分しかいないんじゃないか"って気がし
て恐ろしくなる。引きこもりは向いてないとわかってからは、
絶対に誰かといるようにした。
門限がなかったからけっこう遅くまで遊んでた。でも
お兄ちゃんがお母さんを困らせているのをよく見ていた
から、自分はそうならないようにしようと思っていたし、中学
のときのソフトボール部のギャルたちも「いきってタバコ吸ってる
やつはダサい」ってマインドだったから、酒やタバコなどの犯罪的なこと
は絶対にしないって決めて健全に遊んでいた。
引きこもりをやめたのは、あずげに「ひとりでつまんないから学校にきて」って言わ
れたから。もう1年生の冬になっていた。不登校に飽きていた時期にちょくちょく学校に顔を　　　　　出し
てはいたけど、単位はギリギリに。そして気づけば2月、バレンタインデーになった。わたしはこのタイミングだと思って、好き
な人を廊下に呼び出し手づくりのチョコを渡した。しかしその1週間後、国語の単位が足りないから留年が決定。さらに好きな
人には彼女がいることを知る。すべてが恥ずかしくなってまた引きこもり、高校をやめることにした。

……PART 2へ続く

かてぃの社会生活を
サポートするボランティア軍団

KATY
PROJECT

かてぃプロジェクトって？

───

。

朝起こしてくれたり持ちものを準備してくれたり、
家事をしてくれたり。わたしが日常生活を
送れているのは"かてぃプロジェクト"のおかげ。

SUZUKA　YURINO　TOKO　KATY

PROJECT MEMBER

すずか
かてぃの元バイト同期。夜中に合流して遊ぶことが多い

ゆりの
かてぃの元バイト先輩で、現在は事務所のマネージャー

とうこ
別の元バイト先で出会った同僚。女子大生でいじられ役

毎日のお世話をしてくれる
"かてぃプロジェクト"

すずか(以下：す)　この3人だけで会うのっ
て珍しいね。いつもかてぃが中心にいて、みん
ながいるから。

ゆりの(以下：ゆ)　"かてぃプロジェクト"に
ついて話すってことで集まったんだけど、そ
もそも"かてぃプロジェクト"って命名したの
は大森靖子さんなんだよね。

とうこ(以下：と)　ゆりのさんはマネージャー
だけど、わたしとすずかちんが一回かてぃの
仕事について行ったとき、大森さんに「かてぃ
プロジェクトよろしくね」って託されて。「え、
なにそれ？」って思ったけど、かてぃ本人も響
きが気に入ったっぽい(笑)。

ゆ　でも、ふたを開けたらふつうの友だちの
集まり。

す　友だちだけど、みんなかてぃの家の家事
をするし、仕事の支度をしてあげてる。

と　"ふつうの"友だちじゃない(笑)。

ゆ　そういえば昨日、とうこはかてぃの家で
なにしてたの？

と　買い出しに行って、掃除とかゴミ出しと

一緒にバイトして楽しかったよ！（ゆりの）

か……家事ひと通りしたかも。

す　朝は起こして持ち物を用意して、電車の
時間も調べてあげて。とうこは暇だから、たま
にそのまま一緒に現場行くよね。

と　うん。でもたまたま大学が休みだっただ
けで、いつも暇なわけじゃないよ(笑)！

妹みたいで
放っておけない!

ゆ そもそもみんな、かてぃとバイトが一緒だったんだよね。

す わたしはかてぃと同期で、ゆりのさんが

韓国でかわいいカフェ巡りした♡(とうこ)

先輩。とうこだけ違うお店だけど、みんなアパレル関係。

と わたしだけ、ふたりよりもあとに知り合った。ちょうどZOCがはじまるときで、うれしそうに「今度こんな仕事が決まったよ!」って教えてくれて、かわいいなって思った。

ゆ わかる、かわいいよね! わたしは初めての後輩で、なかよくなりたい!って思ってたんだけど、すごく人見知りで喋ってくれなかったの。ある日の帰りにあの子がハマっていたコーラとガーナの板チョコを「お疲れさま」って渡したら、すごく小さな声で「ありがとうございます」って言われて。

す めっちゃ想像つく(笑)。

ゆ 家に帰ってスマホ見たら「ありがとうございます。うれしいです」って絵文字いっぱいで喜びを表したメッセージが届いていて、「なんてかわいいんだこの子は!!!!」って思ったの。そこから、もう大好き♡

す 愛だね。わたしは同期で「こいつ変わってんなー」っていうのが第一印象。仕事帰りにプリクラ撮って、急になかよくなったかな。3人ともかてぃの1つ上だから、妹みたいに思ってるところもあるよね。

と 年下なのにいちばん生意気なところも、憎めないなくてかわいい。

す それ、とうこだけじゃん(笑)。とうこだけかてぃはあたりが強いよね。

と でもね、言いすぎたあとにハッとした顔をするの。言いすぎちゃった!みたいな(笑)。それから「お家に来て」って甘えてくるところも全部かわいいなって♡

かてぃのプライベートで
"これだけはやめてほしい"

す それで、今かてぃにいちばん会ってるのはゆりのさん?

ゆ うん、仕事で会うから最近だったらいちばん多いかもしれない。でもとうこも一時期毎日いたよね。

と とある時期、連続で仕事場にもついて行ってた。迷惑だったと思うんだけど、朝準備し終わったら「とうこも行くでしょ?」って当たり前のように言われてたから(笑)。

す わたしはだいたい夜に呼ばれる。

ゆ すずかちんは夜が強いから、Wiiとかで朝まで遊んでるもんね。てかこの前、かてぃが家の中でセグウェイ乗ってたんだけど! しかもうまいし。で、滑って頭から落ちてあははって笑うんだよ。早朝6時に神社行こうって起こしてくるし、奇想天外すぎ!

す 朝まで起きてるから暇なんだよ。

ゆ そうなの? 早く寝てほしいよ。

と 早く寝てもほしいけど、わたしはお風呂上がりに暖を取るためにドライヤーを使うのをやめてほしい。つけっぱなしにしてるから、焦げた匂いがしてたよ。

す やめてほしいのは頭をちゃんと洗わないところじゃない? そもそも洗い方知らないっぽいよね。……あれ、頭洗うのは誰も助けてない(笑)?

かてぃの夢を叶えたいし
これからもずっと大好き!

と そういえばかてぃが笑うのを、最近よく見るようになったね!

ゆ 自分から喋るようにもなったし。

と あの人見知りのかてぃがステージに立って、歌ったり軽やかに踊っているのを見ると、いまだにこみ上げてくるものがあるよ。かてぃが語ってくれる小さな夢も大きな夢も、これから全部叶えてくれたらうれしいな。

ゆ うん。本人にも言ったけど、わたしはなにがあっても好きでいるだろうな。出会ってからきらいになった瞬間が本当になくて。

と もっと自分に自信持ってほしいよね。

ゆ いろいろ悩む姿も見てるし、本人が自分に満足することはないかもしれないけど、少しずつ自分を好きになってほしい。みんなに応援されている状況もうれしいし、もっとファンも増えてくれたらなって思う。そのためだったらわたしたちはずっと大好きでいるし、支えさせてほしい。これからもずっと好きでいさせてほしいよ!

かてぃのメイク実演でMCをした(すずか)

支えてくれてありがとう。
そばにいてほしいです。
愛してます。

KATY

ZOC始動前の1年半
東京の洗礼を受けてわたしは
死にもの狂いで生き抜いた

定時制高校へ転入し
バイトもはじめる!

　学校をやめたあと、友だちはJKをしているなか自分だけニートみたいな生活をしていて、先が不安になってきた。JKブランドがなくなるのはもったいないということもわかってたから、定時制高校に転入することにした。

　定時制高校は前に行っていた高校とは人も環境も全然違って、明るい人より暗い人が多いところだった。先生に反抗してすぐに後悔するような子たちがたくさんいて、「ふーん、みんないろいろあるんだなあ」と思って見てた。

　学校ではアメリカ人ステファニアとなかよくなった。アメリカのノリを教えてくれる、クラスで唯一の陽キャだ。それ以外はあんまり性格が合わなくて、学校はあんまりおもしろい場所ではなかった。

　定時制高校に入るのと同時に、バイトをすることにした。もちろんアイドルにはなりたかったけど、幼稚園のころから牧場が好きだったし、動物と関わる仕事をしたかったから牧場へ面接に行った。牛の係もいいなーと楽しみにしていたら、「どの係も空いていないから、レストランでいいですか?」と言われた。全然よくなかったけど、わたしは頼まれたことを拒否できないタイプなので「大丈夫です」と答えて、初バイトがレストランになってしまった。

　仕方ないから気分を変えていくかとがんばっていると、バイトの先輩に「もしかして、暴走族の周平の妹?」って声をかけられて、「ここまで話が届いているのか……」と、絶望的な気分になった。

今度こそ夢に近づきたくて
ミスiDにエントリーした

　わたしには師匠がいる。通称"もーちゃん"と呼んでいる人だ。

　もーちゃんはもともとお母さんの知り合いで、わたしが反抗期で家出をしたときにやさしく受け入れてくれた人だ。パンク系が好きで、見た目はいかつく横須賀らしい口調。人にやさしくしすぎて自分が病んでしまうこともよくあった。家出中、学校のお弁当にキャラ弁をつくってくれたり、ロリータアイドルの現場にも横須賀から車をかっ飛ばしてわざわざ家族で応援にきてくれたりもした。誰よりも応援してくれていたのを今でも覚えている。

　わたしが行きたいと言ったところには全て連れて行ってくれた。キャンプ場やバナナワニ園など、全てが大切な思い出。「あんたはあんたらしくアイドルをやればいいよ、おもしろいから」とアイドルに悩むわたしを唯一受け入れてくれた。わたしのピアスがいっぱい開いているのは完全にもーちゃんの影響だ。

　学生だったこともあり、もーちゃん家に入り浸って実家に帰らなさすぎなわたしを見て、「ヤバいんじゃないか」と近所の人がお母さんに言い、家に連れ戻されることになった。それから会えなくなってしまったけど、人へのやさしさと強さ、その生き様を1年半近くも見て、姉貴のようでお母さんのようなロックに生きるもーちゃんに憧れ、わたしも強い女になると誓った。もーちゃんのマインドはしっかりと受け継いでいる。

　そしてわたしの人生を救ってくれたのは大森靖子ちゃん。初めて靖子ちゃんのライブを見たのは、定時制に入学したばかりのころだ。裸足でステージに立って歌う靖子ちゃんを見て、自由とは靖子ちゃんのためにある言葉なのかと思った。音楽も言葉も独特で、今までにない世界を知った。それから靖子ちゃんのことを自分なりに調べて、ネットの使い方がうまくてたびたび注目されることとかも「こんな生き方があるんだ」って、すぐに好きになった。本当に素敵な人。

　素敵に活動をしている靖子ちゃんみたいな人を知るほど、わたしは焦った。アイドルに絶対になると目標を立ててから考えていたのが、高校生のうちにデビューすること。長く活動をしたいのなら絶対に早めがいい。このままだと年齢的にもけっこうヤバいのではと思ってた。今は毎日、ただレストランで食事を運ん

でいるだけ。どうしようと思いながらいつものように靖子ちゃんのことを調べていたら、ミスiDの存在を知った。HPをクリックすると"わたしはわたし、文句あるか"という一文が目に飛び込んできた。これだって思ってすぐに応募した。わたしはわたしのままで認められたい。ダメだったらそのとき考えればいいと思ったから。

ミスiDでは前の高校の制服を着て、「JKです」ってなに食わぬ顔で出たけどバレなかった。ネットで有名な子も受けていたし、ライバルみんな強いなーと思ったけど、どうしてもここでチャンスをつかみたいという気持ちが強かった。すると、靖子ちゃんが投票期間中に「この子は頭おかしくていい」ってネットでわたしのことを紹介してくれているのを見つけた。自分の推しアイドルが推してくれるのが本当に意味わかんなくて、心強すぎて、もう最後までがんばるしかないと気合が入った。そして最終面接までいったとき、思い切ってバイトと学校をやめた。特に手応えを感じてたわけじゃない。ただ、いろいろ中途半端にして、目の前の大事なものを逃したくなかったから。"二兎を追う者は一兎をも得ず"ということわざがあるように、本気でミスiDだけにかけることにした。

そしてもらった賞は"ミスiD2017 大森靖子賞"。尊敬する靖子ちゃんの賞だ。このとき

だけはちょっとだけ、自分に自信を持つことができたと思う。

ミスiDが終わったあと、賞を取ったからといって仕事のオファーは0だった。たまにイベントに呼ばれるけど、特に芸能界デビューもなし。華やかな世界も一瞬で終わり、また実家でニートする日々に戻った。

そんな日常が4カ月ほど続いたころ、ミスiDの人から連絡があった。「大森靖子さんがアイドルをつくろうとしていて、かてぃを入れたいって言ってるんだけど興味ある？」って。わたしはためらわずに「やりたいです」って答えた。「じゃあいつでも活動できるように、上京しておいで」と。どんなアイドルなのか、詳細はわからない。でも靖子ちゃんがつくるアイドルだったら絶対にやりたい！ その思いだけで、わたしはすぐに東京に引っ越した。

アイドルを夢見て上京！
アパレルの世界へ飛び込む

わたしが憧れていたももクロは、毎回いろんなところにファンを連れて行ってくれた。国立競技場を目指していたはずが、いきなり7万人キャパの日産スタジアムで2DAYSをやることになったとき、なんかテンションが爆上がった。いつもいい裏切りをしてくれて本当におもしろかった。

そんなアイドルになりたい。とりあえず急

いで上京したわたしは、引っ越し間際にバイトしなきゃいけないことに気づいた。それくらいバタバタしながら、初めてのひとり暮らし。今でも、友だちがいなくて死ぬほど寂しかったあのときの感覚はすぐに思い出すことができる。上京して唯一よかったのは、お兄ちゃんの名前が東京では知られていなかったこと。わたしは初めて"周平の妹"という肩書きから解放され、ひとりの女の子として東京でスタートを切った。

服が好きだったから、バイトはアパレルがいいなと思ってた。そこで、おしゃれでかわいいと思っていた『バブルス』というブランドの面接を受け、すぐに働けることになった。初めてのアパレルで感じたのは、「こんなに自分って私服ダサいんだ」ということ。地元ではオシャレだと思っていたので、恥ずかしくなった。

学生時代もそうだったけど、わたしは基本的になかいい人以外とは話せないし、人見知りする。横須賀的にも年上や先輩に対しては腰が低くないといけないって身に染みついていたから、バイトの先輩となかよくなるまでに人より少し時間がかかってしまった。それでもいい先輩といいお客さんに恵まれてよくしてもらったし、ファッションを学んでオシャレになって、たくさんのものを吸収していった。

働いていたときのお気に入りの格好は、台

形デニムのミニスカート、サンダルは厚底でルーズソックスをはいたギャルっぽいテイストに、トップスはバンTでちょっと辛くするコーデ。ちっちゃい肩がけのバッグに携帯と金を直で入れるのにもハマっていて、そのころはポップなカラーのアイテムを使うことも多かった。

バブルスで出会った人は今でもほとんどみんなとなかがよくて、"友情！"って感じのバイトだった。人付き合いや、社会人になるということの大切さも教えてもらった。この期間は、人生の3本の指に入るくらい楽しい時間だった。

そんな充実して楽しい毎日を過ごしていたけど、アイドル方面の動きはなかった。もともとアイドルは口約束。本当にあるのかもわからなかったから。靖子ちゃんにもよく「いつはじまりそうですか？」と聞いていたけど、「もうちょっとかかりそう」という答えが返ってくるだけ。とりあえず信じるしかなかった。

焦りがないわけじゃない。血迷ってほかのオーディション情報を見たりもしたけど、もし自分が別のオーディションを受けてアイドルになって、靖子ちゃんのアイドルがその後はじまったら、きっと後悔しきれないんじゃないかって思った。だから、ぐっと我慢して待つことにした。わたしが東京にきたのは靖子ちゃんがつくるアイドルがやりたかったから。その希望がわたしの生きる原動力だった。

アイドルの始動を待っている間、人と関わるために個人でイベントを行ったりもした。例えば公園でやった"カントリーマアムの会"は、みんなでいろんなカントリーマアムを持ち寄って食べるだけの会だ。もともとそんなに好きじゃなかったけど、大量に集まったカントリーマアムを見て以来、見るだけで吐き気がするようになった（笑）。

あとはミスiDのときから応援してくれている人のためにTシャツに絵を描いて、欲しい人に無料で配送もした。40枚近くもらわれていってバイト代がぜんぶなくなったけど、自分に興味がある人が世の中に少しでもいるならなにかしたいという思いがあった。そういえばお母さんも美容院のお客さんに「いつもありがとう」ってごはんを出したり、帰り際にお土産を渡したりしていたから、わたしも人になにかするのが好きなんだろう。この性格は遺伝だから仕方がない。

DV彼氏に家を乗っ取られ
ホームレスになる

明るい穏やかな日々から、底の見えない海のような真っ暗な世界へと沈むときは一瞬だ。わたしはその恐怖と理不尽さを実際に経験することになる。

仕事帰りに渋谷を歩いていると、知らないイケメンとバチッと目が合った。

「これは運命かも」と思って、自分から勇気を出して声をかけた。話してみるとお互いにひとめぼれだったらしくて、わたしに初めてちゃんとした彼氏ができた。理想のイケメンと付き合えることになって、有頂天だったと思う。

彼氏がうちにくることが増えて、そのうち同棲するようになった。初めて「5000円貸して」と言われたときにおや？と思ったけど、そのときはなにも言わずに貸した。その人と一緒にいたい、仕事には行きたくないと思うようになり、大好きだったバイトもばっくれるようになった。少しずつ、なにかがおかしくなっていた。でもわたしは幸せばかりに目を向けていて、それに気づこうとしなかったんだ。

彼氏と付き合って4カ月くらいで手を上げられた。きっかけは覚えていない。けど、それから毎日のように暴力が続いた。怖くて自分で通報して、警察も週に2〜3回くるようになった。わたしは「助けてください。暴力をふるわれました」と訴えたけど、すごく外面のいい彼氏が「こいつの頭がおかしいだけだから、帰ってください」って、毎回警察を追い返した。わたしの顔面からは血が流れていたしあざだらけだったのに、警察はそれを見て見ぬふりをしたんだ。

警察が帰ったあと、部屋に戻ってから必ず彼氏は「ごめんね」って泣いて謝った。するとわたしも許してしまう。別れるのとよりを戻すのを繰り返して、関係はずるずると続いた。

DVが半年くらい続いたある日、殴られている途中で「出て行け！」と彼氏に言われた。いつもと様子が違ったから、急いで携帯と充電器と財布を持って家を出た。わたしが借りている家だったのに、もう帰れないと察した。それからは渋谷でオー

ルして過ごすか、友だちの家を泊まり歩いた。友だちの家にもずっといられないし、外でひとりオールすることも多くなった。なんで家がないんだろう。これからどうなるのか、すごく不安でいっぱいだった。

　家がなくなったあと、実家に頼ることにした。でもお母さんには東京に帰らない本当の理由は言えなかった。あざを見て「なにこれ」って言われてもはぐらかすことしかできずに辛かった。実家にいると「アイドルはいつはじまるの」って聞かれるし、お兄ちゃんにも「お前、手のひらで転がされているんだよ」って言われて反論して、家族といてもギスギスしていた。実家には長くいられないなと思った。

「使っていないSHOWROOM(ライブ配信アプリ)用の部屋があるから、しばらく住んでいいよ」と、インタビュアーの吉田豪さんから連絡があった。"香椎かてぃがホームレスをしている"というのを聞きつけてくれたという。吉田さんはミスiDのときに知り合い、靖子ちゃんがアイドルをつくることも知っていて「なかなかはじまらないね」と、ずっと気にかけてくれていた人。実家にいるのもホームレスも辛かったので、吉田さんの好意に甘えて、しばらく部屋に住まわせてもらうことにした。

　吉田さんの部屋に住むことになってから、新しくアパレルのバイトもはじめた。でも朝ひとりで部屋にいたくなかったから、よくバイト先に近い新宿2丁目で過ごしていた。そこではいろんなゲイが寄ってきて、わたしたちは朝まで語り合って寂しさを埋めた。

　ある日の朝、いつもの2丁目の道端に知らないホストが転がっていた。そのホストを起こしてあげたのがきっかけでなかよくなって、初めてダイちゃん以外の男友だちができた。それまで男の人とほとんど会話をしたことがなかったわたしは、ホストに「その彼氏は男

無職ホームレスでマジ終わってたけど
アイドルになる前に帰る気はない！

じゃないよ！」とハッキリ言ってもらえて、彼氏と別れる決心がついた。わたしは彼氏に連絡して、家を出ていってもらった。

久しぶりに自分の部屋に帰宅すると、まるで空き巣が入ったようにものがなくなっていた。ブランド品や使えるものは全て見当たらない。がらんとして寂しくなった室内を見て、「男はもううんざりだ」って悲しみがこみ上げた。壁には彼氏が殴った穴がたくさん開いていたため、修繕費80万円の借金を背負うことになった。

それからは入った給料はすべて借金返済に充て、お金がないから無料で入れる相席屋のごはんを食べてしのいでいた。相席した人に

帰りの電車賃500円をもらうまで居座るとか、生きるためにとにかく必死だった。まとまったお金が欲しくてキャバクラの体験入店もした。体験はできてもキャバクラには受からなかったから、お金は十分に稼げない。

高校生でバイトして初めて、お金はわいてくるのではなく自分で稼ぐものだと知って辛いなと思ったけど、借金を背負って毎日をギリギリに生きて、生きるための労働がこんなにもきついとは思わなかった。それでもわたしは実家に帰らないと決めていたし、とことん東京にしがみついてやると思ってたからがんばったよ。

新宿で見つけたアパレルのバイトはルール

が厳しく、ふわふわ楽しいアパレルしか知らなかったわたしは少し反抗して怒られたりもした。そんなある日のこと、お店の前にポップアップストアができて、モデルの子が来店イベントをやっているのが働いてるとき目に入ってきた。ファンがたくさん集まっているのを見て「わたしはなにしてるんだろう」って悲しくなった。好きなはずのアパレルでもやりたいことがやれずに悔しい思いをしていたし、前に一緒にロリータアイドルしていた子たちはもう違うアイドルでデビューして、どんどん前に進んでいるって聞いてたし。自分だけなにも手に入っていない状態が苦しくて、2018年は結構狂っていたと思う。家族との関

全てをポジティブに考えるよう 思考回路が切り替わった

係もぐちゃぐちゃだしDV彼氏はいたし、お金ないし職場最悪だし、本当にいいことねーなと思っていたら、夏の終わりとともに、靖子ちゃんから連絡がきた。

ついにZOC始動！
自分のブランドも発表

「アイドルがはじまる」。

指定された日、メンバーの顔合わせが行われた。そこで藍染カレンに初めて会って、話しているのを聞きながら「こいつも変わってんなー」と思った。顔合わせでは毎回集まるメンバーが違ってなかなか落ち着かなかった。そういうのが3回くらい続いてようやく顔合わ

せが終わり、レッスン日の具体的な連絡を受けて、ついにはじまるんだとやっと実感できた。

本当にうれしかった。朝6時半、ぽかぽかしはじめた太陽の温度とテンションを今でも覚えてる。「はじまるー！」って2丁目のみんなに報告し、ホストにも「夢が叶います！」って伝えた。みんな「よかったな」って喜んでくれた。上京してから1年半、本当に長かった。信じて待っていた自分が誇らしかった。

（ちなみにホストには後日談があるんだけど、ホストにちょっとだけ恋をしそうな瞬間があった。このZOCの報告をした翌年、初めて会った場所を歩いていると、ホストが同じように転がっていて、お互い「えっ!?」って顔を見合

わせた。今度こそ運命かもって思ったら相手の第一声が「やだ〜、久しぶりじゃ〜ん♡」で、一瞬言葉を失った。ホストは2丁目に染まっていたのだ。なかのいい男がことごとくそっち方面に行っているのは偶然？）

そして2018年の秋にスタートしたZOC。メンバーはみんななにか辛いことを乗り越えて集まった人たちだから、どこか余裕があって信頼できる部分も大きい。いろんなタイミングが重なってやっと出会えたメンバーだから、ずっとこいつらとやっていきたい思いもかなり強い。レッスンで集まるたびに、みんなを好きな思いがあふれてくる。

わたしは今ZOCでグッズやステージ構成

まで、少しずつ手がけるようにもなった。自分ができることはどんどんやっていきたいと思っているし、もっとおもしろい現場も見たい。ZOCを盛り上げていきたいんだ。

個人では、ブランドをつくったのもZOCが始動したからできたこと。最近世の中に欲しい服がなかったし、自分の想像している服を実現できたらいいなと思って企画をした。ただアパレルで販売員をやってはいたけど、つ

くる側はまったくの素人。いろいろと調べて協力してくれる人も集め、2019年夏に『カルト』というブランドを立ち上げたんだ。

一日のコンディションは服で決まると思っているから、服に対しての思い入れが強い。服を着て外に出て「あ、今日この服は間違えた」と思ったら、一度帰るかどこかで買って着替えてしまう。自信になる服を着ることで、自分のテンションやメンタルが保たれる。だから

もっと日常的にみんながオシャレを取り入れたら、一日がさらに楽しくなるんじゃないかなって思うんだ。

アパレルをやってファッションが身近になってから、わたしは本当に人生が楽しくなった。自分にちょっとでも自信が持てるようになったのは、いい服に出会えたから。「陰キャだから派手な服は着られない」って抵抗がある人とも話すけど、"自分が好きかどうか、着たい

かどうか"でもっと服を着ればいいのにって思うんだ。男の人でもメイクしていいし、服だって女の子っぽいものを着ていい。自分のしたいようにするのがいちばんカッコいいと思う。カルトもそのためにユニセックスにしてあるし、これ一枚着ればファッションとしてオシャレが成り立つという服をつくったから、着て自信をつけてほしいなって思ってる。

あとは自分も男っぽい気分のときと女っぽ

い気分のときがあるから、自分が着やすい服が欲しくてつくったという思いもある。カルトができたばかりのころ、発送も自分たちでしてたんだよ。部屋に500箱以上の段ボール箱が山積みになったときはマジで死ぬかと思った（笑）。後先を考えずにやった結果がそれで大変だったけど、こんなにカルトを求めてくれる人がいるんだなっていうのを感じられてうれしかったよ。いい夏の思い出をありがとう。

これからもいろいろとアイテムを増やしていくつもりだから、どうか待っていてね。

言葉をポジティブに変えて
ZOCと前に進んでいこう

待ち望んでいたものが現実として手に入った。今のわたしだから言えることがあるとしたら、わたしのことを好きでいてくれる人に、「あなたも幸せになってほしい」と強く思って

いるということ。そしてこんな半生があったから、みんなにも自分にも嘘をつかないでいたいし、幸せな日々を愛したいということ。

ファンの子を見ていると、昔の自分を見ているような気持ちになる。「その悩み、自分も経験したよ」とか、「ここを乗り切れば本当に幸せになれるんだよ」っていうのを、一人ひとりに伝えたい。だけど実際には言うことができないから、わたしはSNSで発信することにした。ZOCのライブもなにかのきっかけになればいいなと思ってる。

新しいことをはじめるきっかけを人につくれるアイドルになりたいというのは、ずっと思っていたこと。学なしで借金持ちで、本当に人間の底辺をわたしは見てきた。そんな底辺の底辺人間がZOCをはじめられて、こうして興味を持ってくれる人ができるなんて、ちょっと前はまったく想像できなかった。本当にやりたいことができているからこそ、わたしに興味を持ってくれている人の後押しがしたい。人生負けないで、勝ち取れるよって伝えたいよ。

ファンの子たちとは、お互いに助け合ってるようなところも感じてる。こんなに自分のことを考えてくれる人っていないし、しかも全国にいるのがすごい。実際に会ってないし、SNS上でしか知らない人もいるけれど、確実に一緒の時間を生きてるわけで、それが不思議で楽しいなと思う。

みんなを見てると、性別とか年齢とか自分の性格とか、すぐにはどうしようもできない

ようなことで陰になってしまう人がたくさんいるんだなって思う。でも"死にたい"は古いと思ってほしい。わたしも死にたいって思うこともたくさんあるけど、死にたいを言葉にするくらいだったら"生きたい"って言葉に変えていきたい。"夢は言葉にすると叶う"。わたしも小学校のころからずっとそれを信じて、手帳に書き出して叶えてきているから、"声に出す言葉はポジティブに"というスタンスでいてほしいよ。

どうしてもネガティブが晴れなくて相談してくる人の話を聞いてると、その理由も自分で限界を決めているからなのかなって感じる。もっと自由に生きてもいいのにって。わたしもネットでポエムを書くときは自分に言い聞かせてるところもあるから、ネガティブになりそうなところをぐっとこらえて、お互いにポジティブに生きていけるようにがんばろう。

わたしは苦しい過去があったおかげで、成長できた部分もたくさんある。いろんな経験を経て気づいたことは、「自分の人生を他人が決めたことに従って生きていいのか」ってこと。人生を自分じゃなくて別の人が決めて、やりたくないことをしてたら誰だって死にたくなるよ。わたしは周りから「アイドルなんて夢見るのはやめろ」って言われたけど、絶対に諦めたくなかった。その後どんな人生が待っていようとも突っ込んでいったらZOCがデビューできたし、結局自分がやりたいことをやるしかないんだよ。世の中ってきっとそうできてる。

じゃないと後悔して、人のせいにして、自分をきらいになって悪循環なんだ。もちろん夢がない人もいるだろうし、夢があるのが当たり前とも思わないけど目標や日常の楽しみを見つけて思う存分好きに生きてほしい（犯罪は別だけど）。

わたしがこうやって強くなれたのも、そんな過去を乗り越えてきたからで、今だから貴重な経験だったなって振り返ることができる。当時いろんな人に迷惑かけたけど、それでも支え続けてくれた人がいて、一生感謝してる。

だから次は、いつか憧れのアイドルたちがわたしにそうしてくれたように、わたしもいろんなところにみんなを連れて行って人生のもうひとつの楽しみをつくってあげたいし、人それぞれ自分の生きやすい生き方があるから、それを一緒に探してあげたい。

不器用で足グセひどいし、タバコは吸うし、口は悪いし、顔怖いし、風呂にも入らない。批判もあるけどこんな素直にアイドルがやれて幸せだよ。

こんなわたしを受け入れてくれて応援してくれて愛してくれて、本当にありがとうございます。

わたしはあなたの味方です。一緒に幸せ勝ち取りに行くよ。

受け入れてくれてありがとう
わたしに似ているみんなと一緒に
クッソ生きてやる！

あいどるみ、ある

〜圭のご乱心〜

酔っぱらったときくらいしか見せない、
ガーリーなかわいらしさ、こぼれる笑顔。
本人は自分の笑顔が、かわいらしさが、
きらいというけど……。

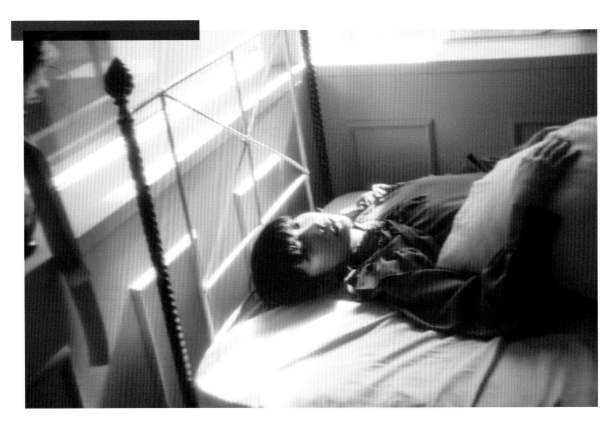

ブラウス¥3,500／メルロー　スカート¥6,500／フェイス
ソックス／スタイリスト私物　アクセサリー／すべてモデル私物

笑顔がこぼれないように、撮影やライブのときとか意識してる。"真顔でいよう"と。

自分の笑った顔が大きらいだし、"萌え"的なのもあんまり好きじゃない。

だから怖いって言われるんだろうけど。

勘違いされそうだから言っておくけど、テンションアガると

普段は普通に笑うからね。若干スキップしたりするから。

お酒で酔ったときは、めちゃくちゃ笑顔になるしかわいらしくもなるらしい。

わたしの笑顔が見たかったら、今すぐカシスオレンジを持ってきてください。

笑った顔見せれるようになったら
　　　　自然とでてくる予定なんで

顔面以外にはなにも悩みなんかないくらい、自分の顔が好きじゃない。ライブでつい下向いてしまうときもある。「今日なんかイケてるからライブ前向けるわ」っていざ出てみると、やっぱ違うわってなる日もある。だから人が人のかわいいを話したりしてるのも苦手。つまりただの嫉妬なんだけど。笑顔でかわいさやなにかをみんなに届けるのはわたしではない。

コート¥14,000／スーパーサンクス（ジャジャーン）　カチューシャ／スタイリスト私物　アクセサリー／すべてモデル私物

ヘアがロングになると乙女みがでる。ペディキュア塗ってるときなんて「女じゃ
ん」って思う。でも最近、胸はいらないって思いはじめた。おっぱいは女の子
らしくて好きじゃない。ない方が服も似合うし、普通に服はメンズの方がか
わいい。わたしの気持ちは男の人の感情に近い気がする。ただし恋愛相手は
あたりまえに男。こんなめんどくさいアイドルがたまにはいてもいいはず。

この本を手にとってくれてありがとうございます
アイドルになると夢みて7年、習い事もバイトもろくに
続かなかった「底辺」と呼ばれた私が諦めず
周りの反対や友達が自立していく中粘って
ここまで頑張ってこれたことを誇りに思います。
可愛くなる努力、おしゃれをすること、生きてれば
なんとでもなるってことを伝えたくてこの本を出しました。
好きなことをたくさん経験してください!!
誰がなんと言おうと私はあなたの夢を応援します。
いつもいろんな愛を送ってくれてありがとうございます!
これからも一緒に生き抜こうね♡♡♡
愛してます〜〜〜♡

                                香椎 かてぃ

おしまいの時間

~主の黙示録~

シャツ¥5,250／メルロー　タンクトップ／スタイリスト私物

信仰せヨ

Cult Me
and
Cult You.

SHOP LIST

イエロ　03-6804-8415
イクミ　http://ikumitokyo.com
イロジカケ　irojikake.tokyo@gmail.com
株式会社ランチフィールド（ランブル レッド）　03-6794-3470
ガールズソサエティ　http://thegirlssociety.net/
ケイティ　03-3496-4885
ジャジャーン　03-6804-5596
ジュエティ　03-6408-1078
スワンキス 渋谷109店　03-3477-5058
ディーゼル ジャパン（ディーゼル）　0120-55-1978
バラックルーム　03-6416-9129
ピンナップ　03-3470-2567
フェイス　faithtokyo.stores.jp/
メルロー　03-3664-9613

香椎かてぃ

"孤独を孤立させない"をテーマにかかげるアイドルグループ『ZOC』のメンバー。ミスiD2017で大森靖子賞を受賞したことがきっかけになりメンバーに抜擢。ZOCでは担当カラーは紫、ハイセンスでバグらせ、SNSは心配される、そんな中でも嘘のない言動にひかれ熱狂的なファンが多い。本人の描いたイラストがグッズで商品化されたりと、多才な一面を持つ。香椎かてぃの"かてぃ"は、芸人の狩野英孝からきているらしい。
Twitter @KatyHanpen　　Instagram @pantykaty

STAFF

写真／橋本憲和、【P.55、67、69、73、77、93-95、99-102、110、129-144】林紘輝（扶桑社）、Jumpei Yamada【P.103-105】
衣装／菅沼愛
ヘアメイクアシスト／小夏
アートディレクション／江原レン（mashroom design）
デザイン／青山奈津美、神尾瑠璃子、高橋紗季、田口ひかり（mashroom design）
校正／ペーパーハウス
マネージメント／真田巧、富永優莉乃（株式会社ekoms）
編集／【P.36-77、103-112、129-144】薮田朋子、佐藤弘和（扶桑社）

新あいどる聖書

発行日　2020年4月24日　初版第1刷発行
　　　　2020年7月1日　　第5刷発行
著者　　香椎かてぃ
発行者　久保田榮一
発行所　株式会社 扶桑社
　　　　〒105-8070　東京都港区芝浦1-1-1　浜松町ビルディング
　　　　電話　03-6368-8870（編集）　03-6368-8891（郵便室）
　　　　www.fusosha.co.jp
印刷・製本　図書印刷株式会社
©katy 2020 Printed in Japan
ISBN 978-4-594-08451-6